Friedrich Weinreb · Zahl, Zeichen, Wort

Friedrich Weinreb

Zahl, Zeichen, Wort

Das symbolische Universum der Bibelsprache

Verlag der Friedrich Weinreb Stiftung

Nachdruck des 1978 in rowohlts deutsche enzyklopädie als Band 383 erstmals erschienenen Werkes. Ernesto Grassi, der Herausgeber dieser Taschenbuchreihe, schrieb für den Band die folgende Vorbemerkung: *Das Ziel der vorliegenden Arbeit ist nicht die philologische Erläuterung und Darstellung der hebräischen Bibelsprache, sondern die beispielhafte Vergegenwärtigung symbolischen Denkens anhand dieser Sprache.*

Um die gewählte Thematik gezielt zu Wort zu bringen, haben wir die folgenden Erörterungen aus schon veröffentlichten Schriften des Autors ausgewählt und zu einer Einheit geführt.

Es geht uns vor allem darum, eine von theologischen und philosophischen Auffassungen gänzlich abweichende Denk-, Lese- und Erlebnisweise des biblischen Textes vorzustellen. Gerade die jüdische Überlieferung und die Struktur der hebräischen Sprache sind geeignet, zu jenem Ursprung des Wortes zu führen, der in früheren Zeiten noch eingesehen, heute aber fast ganz vergessen worden ist.

Neu gestaltete inhaltlich unveränderte Ausgabe
7. Auflage 2019

Rychenbergstrasse 82, 8400 Winterthur
Gestaltung und Produktion Gorbach Büros für Gestaltung und Realisierung, Utting am Ammersee und Augsburg
Satz aus der DTL Fleischmann durch Waltraud Hofbauer, München
Druck Memminger MedienCentrum, Memmingen
Printed in Germany
ISBN 978-3-905783-56-8

Inhaltsverzeichnis

Kapitel III Die Symbolik der Bibelsprache

Kapitel IV Das Universum des Wortes

Vorwort Sich dem Wort anvertrauen

Friedrich Weinrebs *Zahl, Zeichen, Wort,* das nun in der fünften Auflage erscheinen darf, ist eine einzigartige Einführung in die Symbolik der Bibelsprache. Ihre Einzigartigkeit stammt nicht bloß daher, daß hier aus altem jüdischen Wissen geschöpft wird, welches heute nur wenigen Menschen zugänglich ist. Das schon auch. Was man aber bei Weinreb besonders schätzen lernt, ist die andere, jenseitige Welt der biblischen Symbole, die Weinreb aufzuzeigen weiß.

Die Worte der Bibel sind für Weinreb Offenbarung Gottes, und sie sind Symbole, weil sie eine Doppelnatur haben. Sie haben zugleich eine verborgene und eine erscheinende Seite, deren Zusammenwirken das Geheimnis (hebräisch *sod*) wachsen lässt, das Weinreb als das Fundament *(jesod)* der Welt betrachtet. Er stellt das Erlebnis der biblischen Symbolsprache auf eine überkonfessionelle Stufe, indem er zeigt, wie die biblische Symbolwelt die ewigen Ur-Bilder des menschlichen Innenlebens enthält. Diese Bilder sind von den verschiedensten religiösen und philosophischen Traditionen her ansprechbar. Wichtig ist dabei nicht so sehr die spezifisch-geschichtliche Überlieferung als vielmehr der Durchbruch aus dem Zeiträumlichen ins Ewige – so wie er von verschiedenen Traditionen wie zum Beispiel vom Advaita Hinduismus in Indien, dem Zen Buddhismus in Japan, und im Westen von Meister Eckehart beschrieben wird.

In seinen Ausführungen über die in der Bibel geoffenbarten innerseelischen Ur-Bilder mahnt Weinreb uns immer wieder: »Das bist du, dieses Bild lebt in dir, es ist deine verborgene Wirklichkeit«. Er formuliert hier ganz spontan aus seiner eigenen Lebensweise eine Lehrweise, die besonders im upanischadischen Hinduismus praktiziert wurde (*tat tvam asi,* sanskrit für »das bist du«). Weinreb meint, daß, wenn wir die Bibel erleben, »wir alle wie Träumende« sind (Psalm 126, 1). Träume machen uns eins mit dem Geträumten, und Traumbilder sind oft befremdlich. Ihr Zeichencharakter muß gedeutet werden, und »deuten« ist im Hebräischen identisch mit »heilen«. Weinreb besitzt deshalb in der biblischen Semiotik einen außergewöhnlichen Platz, der historisch wohl am besten in der mittelalterlichen Kabbala und im Chassidismus anzusetzen ist.

Die Semiotik geht – wie die Kabbala – auf die Antike zurück und wurde zuerst von Stoikern und hellenisierenden Bibelinterpreten entwickelt. Was beide verband, war die Überzeugung, daß die ganze Welt aus Zeichen besteht, daß Wirklichkeit nicht unmittelbar erlebt wird, sondern nur in der Form von Zeichen. Auch der Mensch besteht aus Zeichenprozessen, die sich über das Kontinuum von Materie und Geist erstrecken, von atomischen und subatomischen Prozessen angefangen, über Zellen- und Genkommunikationen zur Semiotik der Organe, des Körpers, der innerseelischen Prozesse wie Denken und Fühlen, und schließlich zu den Handlungen, die alle auch Zeichencharakter haben. Dieser umfassende Entwurf der Semiotik wurde besonders vom amerikanischen Philosophen Charles Sanders Peirce (1839–1914) entwickelt, bei dem die Rolle des Code – von ihm »Interpretant« genannt – eine Schlüsselrolle spielt, wie man es zum Beispiel bei der Übersetzung von Sprachen sieht. Dort ist der Code in der Form eines Wörterbuchs anschaulich gemacht.

Für ein Verständnis von Weinrebs Werk ist es besonders wichtig, mit Kant zwischen physisch registrierbaren und rein innerseelischen Zeichenprozessen zu unterscheiden. Physische Prozesse haben einen empirischen Platz im Sein; für innerseelische Akte ist die Situation komplizierter. Einige Philosophen meinen, daß sie in ihrer Auswirkung auf die Wirklichkeit empirisch registriert werden können, wie zum Beispiel die Absicht, einen Spaziergang zu machen. Für Hume (1711–1776) und Peirce ist deshalb der Mensch nur »ein Bündel von Gewohnheiten«. Kant aber sieht mehr im Menschen, weil für ihn die Grammatik des »Ich« Pronomens nicht im Empirischen aufgeht. Ideen wie »Ich«, »Freiheit«, und »Gott« sowie ihre kulturellen Manifestationen in Moral, Kunst, und Religion sind in der Natur nicht vorzufinden und weisen daher als Zeichen auf eine andere Wirklichkeit hin, die nicht wissenschaftlich im Experiment erreichbar ist. Diese andere Wirklichkeit ist zwar von der naturwissenschaftlichen nicht wegzudenken, ist aber nur symbolisch zugänglich, weil für den Menschen der einzige Zugang zu geistigen Zeichenprozessen allein durch eine symbolische Steigerung der Sinne möglich ist, wodurch etwas, das wir im Physischen erfahren, ins psychologische Innenerlebnis umgesetzt wird. Bei dieser Umsetzung, die Rilke »Verinnerlichung« nannte, ändert sich zwar an der äußeren Form des Wortes oder Zeichens nichts, es wird aber anders erfahren. Zum Beispiel das Wort »nah«, dessen physische Bedeutung meßbar ist, wird als Metapher für psychologische Nähe dem physisch Meßbaren entzogen und ins nur fühlbar Intime subjektiv umgesetzt. Über die geistige Nähe zu Gott, zum Mitmenschen und zur Natur erzählt man Geschichten, Beweise sind hier fehl am Platz. Man kann eine solche Nähe nicht messen. Man kann sie zwar erahnen und durch Geschichten und Bilder symbolisch ansprechen, man kann sie auch ersehnen, aber man kann sie nie greifbar machen. Man kann sie auch nicht einüben, nicht berechnen, nicht kausal angehen, kein Kalkül daraus machen. Sie ist nicht das Resultat einer Methode. Aber das heißt nun wiederum nicht, daß die geistige Nähe zum Göttlichen keinen Fuß in der Realität hat. Kant meint mit Recht, daß das Geistige zwar gegenstandslos und unbeweisbar ist, sich aber in unseren Verhalten zeigt, jedoch – und das ist wiederum für Weinreb wichtig – ohne in diesem Verhalten aufzugehen oder sich von ihm her messen zu lassen.

Weinrebs Ausführungen über die Zahl- und Zeichensymbolik der Bibel müssen in diesem semiotischen Zusammenhang gesehen werden. Natürlich handelt es sich hier um ein Innenerlebnis biblischer Symbole. Natürlich gibt es da keine empirischen, ja, nicht einmal logische Beweise. Das wäre eine falsche Erwartung in Bezug auf das, was das Symbol in uns leisten kann. Das Symbol im Sinne Weinrebs vermittelt zwischen unserer Sehnsucht und Gottes Offenbarung. Als solches impliziert es die Freiheit der Deutungsfähigkeit des Menschen und kann deshalb gute und böse Auswirkungen haben. Immer aber weist es auf eine empirisch jenseitige Quelle des Verhaltens hin, die nicht greifbar oder beweisbar ist. Sie ist jenseits des Seins situiert und wirkt von unserem Nichtbewußten als Inspiration – oder auch als Dämonie – in unsere zeiträumliche Wirklichkeit hinein.

Was nun Weinreb betrifft, so hat diese andere – jenseitige – Innenwelt in ihm einen Sprecher gefunden, der imstande ist, die Symbole der Bibelsprache spontan in ihrem vielfältigen semiotischen Reichtum zu entfalten. Weinreb spricht zum ganzen Menschen, so wie er sich im Alltag erlebt. Das, was Peirce »Interpretant« nennt, also der Code, wird bei Weinreb auf visuelle, digitale, akustische, verbale, und handlungsorientierte Weise den Lesern nahegebracht. So hat zum Beispiel der erste Buchstabe des hebräischen Alphabets, das Alef, den Zahlenwert 1 und eine visuelle Form von zwei Jod, die durch einen Strich (eine *Waw*) zugleich getrennt und verbunden sind. Dadurch wird angezeigt, dass die verborgene Einheit, die Eins, nicht als solche erscheinen kann. Sie kann nur als Differenz erscheinen. Der Konsonant Alef ist akustisch unhörbar; als unsichtbare Einheit von allem Sagbaren symbolisiert er das grosse Schweigen hinter allem Gesagten. Obwohl die alles umfassende Einheit der »Schöpfung im Wort« nicht erscheinen kann, ist das unhörbare Alef doch ein Teil der verbalen Struktur der hebräischen Sprache. Es ist also zugleich »hier«, im Erscheinenden, und auch »dort«, im Wesentlichen und Verborgenen. Mit dieser Doppelstruktur veranschaulicht dieser Buchstabe deshalb zugleich das ideale Verhalten des Menschen, der – wie Weinreb oft betont – zugleich im Ewigen und in der Zeit daheim sein muss.

Ich hoffe, dieses kurze Beispiel zeigt, wie Weinreb das ganze Zeicheninventar der modernen Semiotik auf die unendliche Vielschichtigkeit der hebräischen Bibelsprache anwendet. Die Leser von *Zahl, Zeichen, Wort* haben dabei den Vorteil, je nach Interesse sich auf den einen oder anderen dieser vielschichtigen Codes einzulassen. Dies erklärt bis zu einem gewissen Grad die große Anziehungskraft des Weinrebschen Werkes.

Es ist die Stärke der jüdischen Überlieferung, die Weinreb übermittelt, den Maßstab der Realität nicht in der Zeit, nicht in der Geschichte, und nicht in den Wissenschaften festzulegen, sondern im ewigen Leben, in der Offenbarung, in der von der Ewigkeit her organisierten Innen- und Außenwelt. Das, was vom Sein her, vom Phänomen her, das Schwächste ist, nämlich die seelische Innenwelt, das, was keinen beweisbaren Platz in der Welt der Objekte hat und in einem gewissen Sinne reine Utopie und daher »ortlos« ist, zeigt sich »stärker als der Tod« (Hohelied), indem es sich nicht von der Welt her messen läßt. Vom inneren ewigen Leben her zwar ständig sich auf diese Welt einlassend und sie verändernd, läßt sich das symbolische Innenleben nicht von ihr her festlegen. Wie schon Kant sagte, die Maßstäbe des physischen Universums sind nicht die Maßstäbe des Geistes. Weinreb hat es wie vielleicht keiner verstanden, diese anderen Maßstäbe in der Absichtslosigkeit des Handelns, im Horchen auf das Nichtbewußte, in der Intimität der liebevollen Begegnungen, im Zufall des Augenblicks und im selbstlosen Dienst am Anderen zu erwecken. Bei ihm gab es kein krampfhaftes Üben, um ins Jenseits zu gelangen, keine Eigenleistung, keine Methode, keine Rechthaberei. Es gab bloß das Glück, welches das göttliche Wort uns schenkt. Ein solches Glück verdankt sich nicht irgendwelchen Beweisen, sondern allein dem Sich-dem-Wort-anvertrauen, das im Hebräischen identisch ist mit Glauben *(emuna)*. Auf die Frage, wie man am besten die von ihm vermittelten Einsichten verwerten könnte, gab Weinreb immer dieselbe Antwort: »Seid glücklich – das ist der beste Dank, den ihr Gott geben könnt.« Er selbst war für dieses sorglose Glück, das aus einer jenseitigen Quelle schöpft, wohl das beste Beispiel.

Klosters, im Juli 2007

Eugen Baer, Philosophieprofessor an den
Hobart and William Smith Colleges in Geneva, New York, USA

Einführung Friedrich Weinreb

Altes Wissen und Überlieferung 13

Wenn man heute von »altem Wissen« spricht, läuft man Gefahr, daß der andere meint, es handle sich um ein Wissen aus alten, fernliegenden Zeiten. Überhaupt, Wissen wird als eine zeitlich begrenzte Erscheinung erfahren. Gibt es nicht eine menschliche Qualität, die Wissen heißt und Attribut des Menschen ist? Gibt es nicht eine sprachliche Beziehung zwischen Wissen und Weisheit? Die Frage ist dann: Was versteht man unter einem Weisen? Und eine weitere Frage wäre, ob man vielleicht heute einen Weisen nicht mehr erträgt und ihn deshalb in eine alte, frühe Zeit verbannt. Man ist ihn los, kann ihn als wissenschaftlich interessantes, merkwürdiges Objekt studieren und dann auch von »altem Wissen« als eventuellem Studienfach sprechen.

Altes Wissen möchte ich aber lieber als verschüttetes, verdrängtes Wissen sehen – verschüttet von einer Überflut an Interesse für Erfahrungen mit zeiträumlich erscheinenden Gesetzmäßigkeiten. Dem Menschen ist Weisheit eigentlich nicht fremd, wenn auch eine Sintflut von Informationen aus dem naturwissenschaftlichen Bereich die Weisheit erstickt hat und den Weisen als verärgernde Erscheinung nicht zur Kenntnis nehmen läßt.

Wissen ist nicht identisch mit der Aufnahme und dem Im-Gedächtnis-Behalten von gelesenen, gehörten, empirisch gefundenen, systematisierten Mitteilungen. Ein Computer – beliebtes, oft benutztes Beispiel – könnte immer großes Wissen sammeln, speichern und beliebig auf Abruf abgeben. Ein Computer ist aber kein Weiser. Wenn dem Menschen ein Hang zur Massierung von Informationen innewohnt und er seine Bestätigung als Wesen in einer Gemeinschaft darin findet, fortwährend seine Kapazitäten an diesen Aufnahme- und Abgabefähigkeiten zu beweisen, also dies alles unter den Begriff des Wissens zu rechnen, dann ist Wissenschaft tatsächlich etwas anderes als Weisheit. Hier liegt dann ein Grundmißverständnis. Man könnte vielleicht, um diese Verwirrung etwas zu klären, das »alte

Wissen« Weisheit nennen und das vornehmlich naturwissenschaftlich bedingte »wissenschaftlich«. Damit ergibt sich, daß es einem Menschen der heutigen Zeit wohl möglich ist, »altes Wissen« als Teil seines Lebens zu besitzen, und daß es einem Menschen in fernen Zeiten genauso möglich gewesen sein muß, sich sein Leben nach wissenschaftlichen Maßstäben einzurichten. Eben das ist gemeint, wenn vom Unterschied zwischen Gott und den Göttern gesprochen wird.

Wie erlangt der Mensch nun dieses »alte Wissen«? Wie er das moderne Wissen erlangt im Sinne eines gedächtnistechnischen Verfahrens, mit einer sorgfältigen Abgrenzung seines Betätigungsbereichs, im Zuge einer immer weiter führenden Detaillierung und Spezialisierung, er sich also – ich meine es nicht beleidigend – immer mehr dem Ideal eines hochwertigen, wenn auch etwas nervösen Computers nähert – so steht der Mensch des »alten Wissens« an der Gegenseite, was den Ausgangspunkt anbelangt. Weisheit kennt die »Gottesfurcht« als Fundament. Gottesfurcht meint nicht, daß man jemanden fürchtet oder sich ängstigt. Wieder ein Mißverständnis aus der Sprache, weil man auch Sprache zuviel als Wissenschaft betrieb. Nach dem hebräischen Wort heißt es vielmehr das »Schauen« oder die »Schau« Gottes; es meint das Staunen, das Sprachloswerden, das Erbeben vor dem sinnlich nicht Faßbaren. Man droht als Gefäß zu zerbrechen. Das Ganze ist so groß, so unermeßlich, daß man seine eigenen Grenzen sprengt und daß eine Resonanz entsteht aus einem Menschlichen jenseits der Grenzen. Von dort kommt dem Menschen dann eine Kunde, und er wird ein Künstler im Erzählen aus diesem Jenseits. Es ist dort ein Reich, wo jeder Mensch sein Zuhause findet, seine Sehnsuchterfüllung, und er findet dort mit frohem Erstaunen die anderen Menschen, die ihm ihrer Herkunft, ihrer Zunge oder ihrer Kultur wegen fremd und unzugänglich in der Welt waren, bevor er zu dieser Weisheit gelangte.

Der Einlaß aber durch dieses Tor der Gottesschau ist nicht bedingt durch technische Fähigkeiten, wissenschaftliche Studien zu bewältigen. Hier spielt, diesen quantitativen Forderungen entgegengesetzt, menschliche Qualität die entscheidende Rolle. Ein Weiser *kann* einfach kein Heuchler, kein Gauner, kein Karrierebesessener, kein Erotisierter, kein »mal Freund mit diesem, mal Freund mit jenem« sein. Man erkennt ihn an seinen Früchten. Diese sprechen für sich und für ihn. Was »die Welt« von so einem sagt, ist nicht relevant, denn »die Welt« würde so einen, eben weil er sie verärgert, ablehnen oder sogar zurückweisen und verfolgen. Dafür sprechen schon die Bilder aus der Bibel, sei es im Alten oder im Neuen Testament.

Der Weise ist bescheiden, er lächelt über diese Welt und er liebt sie, er gibt sich den anderen hin und öffnet sich, die anderen zu empfangen. So kommt er, da er absichtslos und deshalb bescheiden ist, ohne daß er es selbst bemerkt, durch das Tor der Gottesschau. Und was er erzählt, das ist nun, was man jetzt unter dem Begriff »altes Wissen« etwas distanziert, hygienisch-wissenschaftlich als Objekt studieren könnte.

Da gibt es natürlich auch das, was man Quellen nennt. Wenn man sie liest, staunt man oft, daß sie sich so unklar, so verschachtelt, so vieldeutig geben. Man denkt dann in moderner wissenschaftlicher Überheblichkeit – man nennt es aber objektive wissenschaftliche Bescheidenheit –, daß diese alten Zeiten nun mal nicht imstande waren, so rein, so digital präzise zu denken und darzustellen. Ein Gedicht, ein Gemälde, eine Landschaft, ein menschliches Antlitz, auch der Kopf eines Tieres sind aber genauso voller Rätsel. Viele Menschen erleben bei der Begegnung mit solch einem Phänomen große Freude; es bringt eben eine Kunde aus anderen Bereichen. Die Urheber der Quellen staunten, und ihr Staunen spiegelt sich in-diesem Stammeln wider, womit der Wissenschaftler so wenig anfangen kann. Erst wenn er es tötet und seziert, findet er Gesetzmäßigkeiten und sagt dann, es sei alles ganz interessant – und lebt in seiner interessanten Langeweile weiter.

So ist es wichtig, daß man ein Ohr hat zu hören und Augen zu sehen. Man studiert deshalb solche »Quellen des alten Wissens« nicht in der Weise des analytisch-sezierenden Wissenschaftlers. Man erlebt sie, wie man sein eigenes Leben erleben könnte, wie man einem Kunstwerk als Verwandter gegenübersteht. Dann äußert sich dieses

Erleben schon im Verhalten des Betrachtenden, des Schauenden. Es ergreift ihn eine unvorstellbare Freude, überquellend, überschäumend. Und deshalb erzählt man weiter, das eigene Leben wird ein Erzählen, das eigene Verhalten eine ununterbrochene Mitteilung. So überliefert man die Quellen weiter, der Becher wird weitergereicht. Die Schüler sitzen mit am Tisch. Das sind die Gespräche der Weisen, und das ist die Überlieferung. Nicht technisch, nicht mechanisch, sondern gerade an der anderen Seite, von der anderen Seite her. Überlieferung ist Leben weitergeben, Liebe, Nachsicht, Zärtlichkeit und Kraft. So erzählen sich die Geschichten weiter, immer getragen von stark und froh lebenden Menschen. Man erfährt die Quellen als ein Wunder, man staunt und erzählt weiter, neu und alt, ohne Ende, weil hier das Geheimnis des Ewigen sich offenbart. Wie unsere Existenz Ausgangspunkt ist für immer neue Erlebnisse, so sind diese Geschichten Ausgangspunkt für immer weiteres Erzählen, für neue und andere Geschichten, alle aber aus derselben Quelle.

Wo kommt diese Quelle her? Dieser Frage kann man nur mit einer anderen Frage gerecht werden: Wo kommt unsere Existenz her? Von den Eltern und Ahnen. Wo kommen diese her, und wo sind sie hin? Ewigkeiten, nicht benennbar. Eben das sind die Quellen, ist die Weisheit, ist die Überlieferung.

Jüdische Weisheit und jüdische Überlieferung, was sind diese? Wissenschaftlich könnte man versuchen abzugrenzen, zu definieren. Das alte Wissen aber sagt, daß das Wort »jüdisch« bedeutet »den Herrn preisen«, und man deutet dies als »Staunen über den Jenseitigen, der doch in uns lebt, Sinn unseres Lebens ist«. Das Wort »hebräisch« bedeutet in der Sprache »von der anderen Seite«; es ist das »Land«, das wir immer als das dem Zeiträumlichen gegenüber empfinden. Das alte Wissen sagt, und unser Empfinden bejaht es, daß doch in *jedem* Menschen dieses Staunen lebt und in *jedem* Menschen das Jenseitige sich zeigt, »in seinem Herzen, in seinem Munde«. Ist nicht der Name Mensch, *adam,* im Wort »ich gleiche«? Und sagt man nicht, daß Gott das so zum Menschen sagt, wie der Mensch, wenn er sich Adam nennt, das zu Gott sagt?

Jüdisches altes Wissen und jüdische Überlieferung sei also für jeden Menschen eine Freude. Ein Anlaß zum Staunen und ein Erleben des Ewigen im Gange der Zeiten.

Literatur, Weisheit und Bescheidenheit

Ich werde versuchen, etwas allgemein Orientierendes über die Zusammenhänge zwischen »zählen« und »erzählen«, zwischen Zahlen und Worten auszusagen. Ich bin mir bewußt, daß es heute fast keinen Menschen mehr gibt, der auf diesem Gebiet ein systematisches und umfassendes Wissen hat. Es wäre auch schwierig, sich dieses Wissen durch das Studium von Handbüchern anzueignen. Denn es gibt keine solchen Bücher. Was es gibt, ist eine immense Anzahl von Schriften, weitaus die meisten aus längst vergangenen Zeiten, wo vieles als selbstverständlich bekannt vorausgesetzt und in einer Art geschrieben und gedacht wird, die den Menschen unserer Zeit fremd geworden ist. Wir müssen nun einmal die Tatsachen akzeptieren und einsehen, daß Zeiten kommen und gehen, daß sie sich ändern und auch die Menschen sich mit ihnen. Was man früher selbstverständlich wußte, kann heute unverständlich sein; was man in anderen Zeiten träumte, kann heute Teil des Bewußtseins geworden sein.

Man kann deshalb aus den vielen Schriften vergangener Zeiten heute nur den Geist in ihnen, der ewig ist, zu verstehen trachten. Ich meine den Funken, der doch in allem fortlebt. Man hatte früher wahrscheinlich noch kein Bedürfnis für ein systematisches, zusammenfassendes, das ganze Gebiet dieses Wissens umfassendes Werk gehabt. Vielleicht hat jeder Lehrer seinem Schüler davon erzählt. Vielleicht in Worten, die für uns wiederum unverständlich oder unakzeptabel sein würden. Dies alles ist auch der Grund, weshalb ich mit den Publikationen auf diesem Gebiet angefangen habe. Ich könnte also, wenn man nach einer parallelen Literatur fragt, bisher nur auf meine eigenen Bücher verweisen. Aber ich weise auch auf die vielen, vielen Werke hin, die ich selber studiert oder gelesen habe. Sie sind fast alle in hebräischer oder aramäischer Sprache geschrieben. Und die ausführlichen Kommentare über diese Bücher sind in den gleichen

Sprachen abgefaßt. Bücher und Kommentare fassen sich fast immer ganz kurz. Es wird eben vorausgesetzt, daß der Leser schon vieles weiß. Ich rede also gar nicht von Leuten, die über diese Dinge schreiben oder sprechen, ohne selber imstande zu sein, die ursprünglichen Werke, die Quellen und die Kommentare, zu lesen. Übersetzungen, insofern solche hie und da erschienen sind, sind für dieses Studium vollkommen ungeeignet, da es sich ja um die *Worte* handelt, um die Worte in der Ursprache und um die Zahlen im Absoluten. Jeder aber, der hier studieren will, »Thora lernen« will, wie es heißt, braucht an erster Stelle den Geist der Bescheidenheit. Mit Ehrfurcht soll er sich dem Wunder von Gottes Offenbarung nahen. Sonst bleibt sie, wie gescheit und studiert er sich selber auch vorkommen mag, für ihn verschlossen, und seine Urteile gehören dem Reiche der Verwirrung an.

Die bedeutendsten Quellen der Überlieferung

Die Überlieferung wird unterteilt in *Halacha, Agada, Midrasch* und *Targum.*

Halacha bedeutet »das Gehen«, »der Weg«. Sie enthält die Anweisungen für das tägliche Leben, für die Lebenspraxis. Diese soll in allen ihren Äußerungen ein Erleben, eine Realisierung und Konkretisierung der Struktur der Thora in dieser Welt werden. Die Thora offenbart ja das Wesentliche dieser Welt und des Menschen.

Agada, vom aramäischen *agadete,* das hebräisch *hagada* lautet, und »Erzählung, Erklärung, Mitteilung und Belehrung« bedeutet. Unter *Agada* versteht man daher im allgemeinen die Erklärungen, oft in der Form von Erzählungen, des Sinnes der Bibel. Sie bilden in der mündlichen Lehre die »vom Sinai an« überlieferten Bibelkommentare. Damit bilden sie die Brücke von der Bibel zur Lebensführung und geben der *Halacha* Inhalt. Der Kommentar *Sifri* drückt dies im Deuteronomium *(Ekeb)* mit den Worten aus: »Willst du ihn, der sprach und die Welt war, erkennen, lerne dann die *Agada.*«

Midrasch, vom Wort *derasch,* das »suchen, untersuchen, nachforschen, erklären und auslegen« bedeutet, ist wie die *Agada* ein Komplex überlieferter Bibelerklärungen, der größtenteils separat und oft erst später zusammengestellt und aufgeschrieben wurde.

Der *Targum,* das Wort bezeichnet »Übersetzung«, ist eine erklärende Übersetzung des Pentateuchtextes und der anderen Bibelteile aus dem Hebräischen in das Aramäische. Durch eine umschreibende Übersetzung gibt der *Targum* oft an, in welcher Richtung man die Erklärung zu suchen hat.

Die nachfolgende Bibliographie gibt eine gedrängte Zusammenstellung der bedeutendsten Werke der verschiedenen Sammlungen der ältesten Überlieferung, welche in Druck erschienen sind. Verschiedene dieser Werke sind öfters, auch in jüngerer Zeit, herausgegeben worden. Es bestehen auch zahlreiche Sammlungen von ausgewählten Texten.

Alle Publikationen enthalten nur den äußerlichen Text und äußerliche Kommentare der Überlieferung. Ohne die Kenntnis des Schlüssels, worüber dieses Buch etwas mitzuteilen versucht, können diese Texte oft wenig mehr sein als eigenartige, oft interessante, oft aber auch nur unbegreifliche Erzählungen und Mitteilungen.

Von vielen dieser Werke bestehen Übersetzungen, oft auch in der Form von ausgewählten Texten. Eine der übersichtlichsten Sammlungen ist M. J. bin Gorion: »Die Sagen der Juden« (Insel Verlag).

In den Bibelkommentaren von Salomo Jitschaki (bekannt als Raschi) und des David Kimchi (Redak) des 11. bzw. 13. Jahrhunderts spielen die in der folgenden Liste genannten Texte als Ausgangspunkte für die Erklärungen noch eine große Rolle. In unserer Zeit benötigen diese Kommentare selbst wieder eine ausführliche Erklärung, damit der angedeutete Zusammenhang überschaut werden kann. Diese Erklärungen können ohne die Kenntnis der Struktur des Wesentlichen nur schwer gegeben werden.

Im 12. Jahrhundert wurde der halachische Teil der Überlieferung, welcher die Basis bildete für das tägliche Leben und durch die Jahrhunderte hindurch »erlebt« wurde, von Moses ben Maimon (Rambam oder Maimonides) in seinem Werk *Mischne Thora* systematisch zusammengefaßt. Dies geschah, weil damals die Einsicht und Übersicht rasch schwächer zu werden begann. Zu Beginn des 14. Jahrhunderts entstand auf diesem Gebiet auch noch die *Arbaa Turim* von Jakob Asheri und im 16. Jahrhundert der *Schulchan Aruch* von Josef Karo. Diese Werke haben für die jüdische Lebenspraxis einen großen Wert. Ohne Kenntnis der *Halacha* ist die Bibel nicht zu begreifen. Um den Sinn der *Halacha* zu erfassen, ist es jedoch nötig, daß man die Einsicht in den Aufbau des Wesentlichen besitzt.

1. Aboth de Rabbi Nathan (ein Midrasch über »Pirke Aboth«)
2. Agada Agadoth (eine Sammlung von Midraschim)
3. Agadath Bereschith (Midrasch-Erklärung von Genesis)
4. Baraitha de Schmuel ha Katan (Midrasch auf astronomischem Gebiet)
5. Bereschith Rabbathi (Midrasch über Genesis)
6. Beth ha Midrasch (Sammlung von Midraschim)
7. Derech Erez Suta (Traktat über die Lebensweise)
8. Kein Jakob (Sammlung der agadischen Teile des Talmud)
9. Ektan de Mar Jacob (Midraschim)
10. Jalkut Eliëser (Sammlung aus Midrasch und Talmud)
11. Jalkut Schimeoni (nach der Bibel geordnete Sammlung aus Midrasch und Talmud)
12. Jalkut Sippurim (Sammlung Erzählungen aus Talmud und Midrasch)
13. Likkutim me Midrasch ele ha Debarim Suta (Midrasch über Deuteronomium)
14. Lekketh Midraschim (Sammlung von Midraschim)
15. Mechiltha (halachischer Midrasch über Exodus)
16. Midrasch Agada (Agada-Kommentar über den Pentateuch)
17. Midrasch Chaseroth we Jetheroth (Midrasch-Sammlung)
18. Midrasch ha Gadol (Midrasch-Sammlung über Genesis)
19. Midrasch Koheleth Rabba (Midrasch über Prediger)
20. Midrasch Lekach Tob (Agada-Kommentar über Genesis und Exodus)
21. Midrasch Mischle (Midrasch über Sprüche)

22. Midrasch Othioth de Rabbi Akiba (Midrasch über das Alphabet)
23. Midrasch Rabba (ausführlicher Midrasch-Kommentar über den Pentateuch, eingeteilt nach den fünf Büchern):
    Bereschith Rabba (Kommentar über Genesis)
    Schmoth Rabba (Erklärungen des Exodus)
    Wajikra Rabba (Erklärungen über Leviticus)
    Bamidbar Rabba (Erklärungen über Numeri)
    Debarim Rabba (Kommentar über Deuteronomium)
24. Midrasch Sechel Tob (Midrasch über Genesis und Exodus)
25. Midrasch Schir ha Schirim (Midrasch über Hohelied)
26. Midrasch Schmuël (Midrasch über Samuel)
27. Midrasch Tadsche (Midrasch über den Pentateuch)
28. Midrasch Tanaim (Midrasch über Deuteronomium)
29. Midrasch Tanchuma (auch »Jelamdenu« genannt, Midrasch über den Pentateuch)
30. Midrasch Tehillim (auch genannt »Schocher Tob«, Midrasch über Psalmen)
31. Midrasch Suta (Erklärungen des Hohelieds, Ruth, Klagelieder und Prediger)
32. Mischnajoth (der früheste aufgeschriebene Teil der mündlichen Thora, bestehend aus 6 Teilen)
33. Otsar Agadoth (Sammlung aus Midrasch und Talmud)
34. Otsar Midraschim Kitwe Jad (Sammlung von Midraschim)
35. Perek Schira (biblische Typisierungen über Himmel und Erde, Himmelskörper, Menschen, Tiere und Pflanzen)
36. Pesikta de Rab Kahana (Midrasch über die Feste und den Sabbath)
37. Pesikta Rabbathi (Midrasch über die Feste)
38. Pirke de Rabbi Elieser (Erzählungen in Midraschform über den Pentateuch)
39. Seder Elijahu Rabba (auch genannt »Tana de be Elijahu«, Buch mit Agadacharakter, nach der Überlieferung durch den Propheten Elia inspiriert)

40. Seder Olam Rabba (alte Chronik)
41. Sefer ha Jaschar (überlieferte Erzählungen, parallellaufend der biblischen Erzählung)
42. Sefer ha Likkutim (Sammlung von Midraschim)
43. Sifra (halachischer Midrasch auf Leviticus)
44. Sifre de Agadete (Midrasch auf Esther)
45. Sifri (halachischer Midrasch auf Numeri und Deuteronomium)
46. Talmud Babli (der Babylonische Talmud, die endgültig aufgeschriebene, mündliche Thora, worin auch die »Mischnajoth« aufgenommen; besteht aus 36 umfangreichen Traktaten, in 6 Abteilungen gesammelt)
47. Talmud Jeruschalmi (der Jerusalemische Talmud; enthält ebenfalls die mündliche Thora, ist jedoch weniger umfangreich als der Babylonische Talmud)
48. Targum Jeruschalmi (Targum auf den Pentateuch)
49. Targum Jonathan (Targum auf den Pentateuch)
50. Targum Onkelos (Targum auf den Pentateuch)
51. Targum Scheni (Targum auf das Buch Esther)

Zürich, im März 1978
Friedrich Weinreb

Kapitel 1 Das Wort und die Zahl

1. Das Definieren und Formulieren

Wenn man einem Menschen etwas erklären will, so gebraucht man das Wort. Musik oder Farben sind niemals so eindeutig wie das Wort. Das gezeichnete Bild ist dem Worte schon näher; manches aber kann über das Bild nur sehr schwer oder gar nicht gesagt werden.

Das Wort kann, wenn man es beherrscht, vieles verdeutlichen, es kann definieren und formulieren. Es gibt Möglichkeiten zu Nuancierungen und Differenzierungen. Wenn man eine Sache ganz exakt vorstellen will, sucht man nach unmißverständlichen Worten, so klar wie nur möglich, und man faßt sich kurz, damit nicht doch andere Gefühlsmomente, die die Aufmerksamkeit ablenken könnten, sich eindrängen. Jeder Wissenschaftszweig kennt daher seine Grundformulierungen, seine zusammenfassenden Formulierungen. Und doch bleiben Mißverständnisse, doch ist man fast nie imstande, etwas so auszudrücken, wie man möchte, wie man es in seinem Innersten fühlt. Außerdem versteht ein anderer unter dem gleichen Wort – ich rede nicht von fremden Sprachen oder Übersetzungen – fast nie genau dasselbe. Sogar bei Begriffen wie Pferd, Esel, Nebel, Wolke können schon Differenzen in der Auffassung entstehen. Ganz schwierig aber wird es, wenn man von Gut und Böse, von Seele, Leib, Strahlung, Licht spricht, oder von Härte, Gnade, Schönheit, Grundlage. Man erzählt in der Überlieferung, daß die Verwirrung der Sprache, die in Babel entsteht, zur Folge hat, daß einer nach Instrument A verlangt, weil er es benutzen möchte beim Bau des Turmes, der mit den Mitteln des Irdischen den Himmel erobern will, und der andere ihm statt dessen Instrument B besorgt. Sie fangen an zu zanken, und am Ende erschlägt einer den anderen.

Die Geschichte hat natürlich einen Sinn. Wenn man glaubt, das Wort für ein selbstbewußtes Hineinsteigen in den Himmel benutzen zu können und es damit auch für die Zwecke der irdischen Allmacht dienstbar zu machen, entfällt dem Menschen eben sein wichtigstes Mittel, dann entfällt ihm das Wort. Das, wovon er glaubte, er selber habe es gebaut, es sei ein Produkt seiner Entwicklung, versagt plötzlich. Eben mit dem Wort wird dem Menschen gezeigt, daß die Welt ganz anders ist, als er es sich vorzustellen gewöhnt hatte. Das Wort, die Sprache, gehöre doch zum Menschen, meint er. Aber gerade das wird ihm entzogen. Er spricht Worte und weiß, daß der andere sie nicht versteht, eben nicht versteht an den entscheidenden Punkten, dort, wo man sich einer anderen Welt, dem Himmel, nähert. Sogar er selbst versteht sich dann nicht mehr. Er weiß, daß er sich dort, wo es Ernst wird, mit seinen eigenen Worten nur etwas vormacht.

Wenn es wirklich um die Entscheidung geht, entzieht sich das Wort. Für vieles war es recht gut zu gebrauchen. Da war man aber noch weit entfernt von den Grenzgebieten, wo die eigentlichen Entscheidungen fallen, wo es darum geht, was was und wer wer ist. Gott selber, erzählt die biblische Geschichte, steigt herab und verwirrt die Sprache. Von da an, heißt es, gibt es die 70 Sprachen. Wenn man im alten Wissen 70 sagt, meint man »alles, was innerhalb des Menschlichen nur an Verschiedenheit möglich ist«. Also 70 Sprachen in diesem absoluten Sinne können praktisch, im irdisch Relativen, tausend verschiedene Sprachen sein. Es wird damit aber auch gemeint, daß jedes Wort von nun an »70« Bedeutungen haben wird, also daß jeder Mensch jedem Wort eine andere Bedeutung zumißt als jeder andere. Wirklich verstehen kann man sich, wenn man an den Pforten des Himmels steht, mit diesen Worten dann doch nicht. Der Turmbau von Babel und seine Folgen, in der Überlieferung *haflaga* genannt, »Spaltung«, die Zersplitterung des Wortes in die vielen Bedeutungsmöglichkeiten, ist ein fortwährender, stets gegenwärtiger Menschheitszustand, so wie alle Mitteilungen in der Bibel fortdauernd gegenwärtig sind und wirken, bei jedem Menschen und in der ganzen Menschheit.

Nur eine Sprache zerbricht nicht. Es ist die Sprache Gottes. Mit dieser Sprache hat Gott die Welt geschaffen. Es ist – allerdings nicht in unserem zeitlichen Sinne – die Ursprache auch des Menschen. Damit will ich sagen, daß die Konstituierung des Menschen mit dieser Sprache zusammenhängt, wie auch die Bildung der Welt. Diese Sprache ist nun auch die Sprache, mit der Gott sich an den Menschen wendet. Dem äußeren Bilde nach ist es die hebräische Sprache, so wie sie in der Bibel noch unberührt zu finden ist. Dem inneren Wert nach ist es die Sprache, die in jedem Menschen, der doch in Gottes Ebenbild erschaffen ist, und in jeder anderen Schöpfung, die doch aus Gottes Gedanken zustande kommt, im tiefsten Wesen, im Kern, anwesend ist. »Gott spricht, und die Welt ist.«

Diese Sprache hat deshalb die ungebrochene Linie von der äußeren Bedeutung bis zum tiefsten Wesen, bis dorthin, wo das menschliche Wort keinen Ausdruck mehr findet, wo das ist, was der Mensch in gewissen Momenten wohl empfindet, wofür er aber keine Worte mehr hat, weil *seine* Kenntnis des Wortes nicht in solche Tiefen reicht. Andere Sprachen, ja alle Sprachen, haben ebenfalls ihre Wurzeln an dieser Stelle; zwischen diesen Wurzeln und den im Menschen sich äußernden Worten existiert seit der *haflaga* im Menschen ein unbekanntes Niemandsland, fließt ein unüberquerbarer Strom. Die Verbindungen gehören zum Verborgenen, hebräisch *nistar.*

Man kann und darf diese Verbindungen nicht leugnen. Denn das, was mit jeder Sprache erreicht werden kann, was Dichter, Künstler, Propheten, Heilige, in welcher Sprache sie auch sprechen mögen, bewirken, die größte Freude und die tiefste Trauer, das allein zeugt schon dafür, daß jede Sprache aus diesen göttlichen Wurzeln ihre Existenz empfängt. Mit der *haflaga* kommt aber die Spaltung: Zwischen dem äußeren, verstandenen Wort und dem inneren Wert gibt es keine Brücke mehr. Ganz selten nur einen Hinweis, daß es einmal doch eine Brücke gegeben hat; man erkennt die Stelle, und man kann doch nicht hinüber.

Im Innern hat jeder noch diese »Ursprache«, wie ich sie einmal nennen möchte. Nur deshalb kann er das Wort in jeweils seiner Sprache benutzen, kann damit überzeugen, kann erklären. Nicht aber kann er damit in das Wesentliche gelangen. Der Mensch würde sonst mit Hilfe dieses Wortes in den Himmel steigen, er würde es sich zunutze machen, um damit den Himmel zu irdischen Zwecken zu mißbrauchen. Eben weil der Mensch diesen Drang, selbst Gott zu sein,

kennt, kommt die *haflaga* über ihn. Es ist dieselbe menschliche Be-
gehrlichkeit wie die Absicht, vom Baum der Erkenntnis *und* vom
26 Baum des Lebens zu essen. Es ist der Drang der Seite, die hebräisch
ra heißt, das Böse, der Selbstbehauptungsdrang des Menschen.

2. Quantitative Relationen

Es gehört zu den Wundern der letzten Jahrhunderte, daß der Mensch eingesehen hat, daß er sich, um genauer, wahrheitsgemäßer zu formulieren, nicht irgendeiner Wörtersprache bedienen sollte, sondern daß es in den Phänomenen selber Verhältnisse gibt, quantitative Relationen also, Proportionen, die viel exakter den Charakter solcher Phänomene definieren, als Worte, viele oder wenige, es je vermocht hätten. Er hat entdeckt, daß man z. B. Wasser unmißverständlich als Wasser erkennen kann – was man auch sonst über Wasser denkt oder von ihm hält –, wenn man die Relation 2 : 1 hervorhebt, die beim Wasser existiert, wenn man also sagt: Wasser ist zwei Einheiten Wasserstoff und eine Einheit Sauerstoff. So entstand die Formel H_2O. Immer noch kommen aber die Worte Hydrogen und Oxygen vor bei diesem Verhältnis 2 : 1. Man weiß aber inzwischen, wie Hydrogen aufgebaut ist und wie Oxygen, und man weiß es, seitdem man die Proportionen und die Anzahl der Urbestandteile kennt. Man könnte diese beiden Stoffe, und so auch alle anderen Stoffe, in der Sprache von Zahlengruppierungen beschreiben. Dann wäre auch, wenn man tatsächlich bis in die Urbestandteile zurückgehen könnte, jeder Streit und jedes Mißverständnis auf diesem Gebiet vorbei. Jeder, ja sogar jedes Wesen aus anderen Welten, würde die Proportionsformel verstehen können, wenn auch ganz andere Namen für Wasserstoff und Sauerstoff gebraucht würden.

Es ist bekannt, daß man heute fast alle physischen Erscheinungen, ja fast das ganze von der Physik, Chemie und Biologie beherrschte Gebiet auf solche Weise in den von Proportionen bestimmten Formeln ausdrücken kann. Man weiß schon fast instinktiv, daß ein von Formeln wimmelndes Buch ein wissenschaftliches Buch ist und daß da jedenfalls nicht viel geredet, sondern ernsthaft studiert werden soll; man soll sich einleben, verstehen wollen. Man spürt, daß man sich der Wahrheit dieser Ergebnisse eines langen und aufopfernden Studiums nicht entziehen kann. Wer nicht damit anfangen kann, will sich eben nicht genügend einsetzen, um es ernsthaft zu verstehen.

Seit den letzten Jahrzehnten kennt man das Phänomen des Computers. Die Daten eines Computers sind nur Zahlen, das heißt, erst wenn man Worte und Begriffe in Zahlen ausgedrückt hat, kann der Computer Dienste leisten. Und wir ahnen schon, welche Dienste und bis zu welchem Ausmaß der Computer noch erbringen kann. Der Mensch ist eben daraufgekommen, die Entwicklung hat ihn dahin geführt, daß eigentlich fast alles in Zahlen ausdrückbar ist, daß dies zwar erst alles etwas komplizierter macht, doch daß schließlich alles viel deutlicher, einfacher, verständlicher wird. Was man aus Wörtern nicht verstehen konnte, wie man sie auch kombinierte, zeigt das Zahlenresultat des Computers. Und dieses Zahlenresultat ist dann nur noch in Wörter zu übersetzen, daß es jedermann verständlich wird.

Natürlich kann man im allgemeinen die für den Computer benutzten Zahlen nicht vergleichen mit den durch Experimente und Erfahrungen gefundenen Zahlenproportionen der Naturwissenschaften. Die ersteren sind oft nur Hilfsmittel, ein Sichbehelfen mit der Zahlenwelt, während die letzteren wahre materielle Proportionen sind. In beiden Fällen aber sehen wir, daß der Mensch etwas verstanden hat. Er ist durch das Phänomen Entwicklung zu diesem Verständnis geführt worden; er hat verstanden, daß Zahlen auch sprechen können, daß sie eigentlich viel eher zum Kern der Sache führen und viel tiefer in diesen Kern hinein als Wörter. Es zeigt sich aber auch, daß Wörter und Zahlen irgendwie zusammenhängen müssen, daß Wörter die Äußerung einer Welt darstellen, in der Proportionen, Relationen, das Bestimmende sind. Da, im Tiefsten, gibt es ein Spiel von Zahlenkombinationen, da wird Entscheidendes bestimmt durch ein Mehr oder Weniger.

Doch wozu eigentlich so viele erklärende Worte? Sprechen wir nicht auch von »erzählen« und »Erzählung«? Und sagen wir damit nicht – heute allerdings, ohne etwas dabei zu denken –, daß wir ei-

gentlich *zählen,* daß wir Proportionen feststellen, daß wir Zahlen-
kombinationen bilden und Relationen weitergeben? Hier sieht man
28 in nichthebräischen Sprachen etwas wie einen Funken von jenseits,
zeigt sich eine Stelle, wo eine Brücke bestand zwischen den Wurzeln
des Wortes und seiner heutigen Erscheinungsform. Dieser Zusammenhang zwischen dem Wort »erzählen« und »zählen« ist, soweit ich weiß, in allen germanischen und romanischen Sprachen vorhanden. Natürlich auch im Hebräischen; aus dem Stamm s – p – r sind die Wörter für »Zahl, zählen, erzählen, Erzählung« und auch für »Buch« gebildet.

3. Ursprache und *haflaga*

Wenn dem so ist, dann müßte also bei der Ursprache diese Brücke noch bestehen. Die *haflaga* läßt ja die Ursprache unberührt. Die eine Sprache bildet tatsächlich den Überrest, sie *zeigt* noch das Wunderbare.

Die Sprache der Bibel kennt noch diese Verbindung; bei ihr enthält die Formel des Äußern, also das gehörte oder das erblickte Wort, zugleich die Formel des Innern, des Wesentlichen. Die Formel des Innern zeigt sich uns aber als Proportion, ist also nur zahlenmäßig wiederzugeben. Wie kann man nun die Laute, die Buchstaben, in Zahlen umsetzen? Wer kennt die Verbindung zwischen Laut und Proportionsgröße?

Hier liegt die große Schwierigkeit aller Nach-*haflaga*-Sprachen. Denn bei ihnen ist die Verbindung für unsere Augen zerrissen. Außerdem »entwickeln« Nach-*haflaga*-Sprachen sich; sie ändern ihre Wortformen, sie bilden neue Schreibweisen. Kann sich dann, mit der Änderung der äußeren Form, auch die wesentliche Formel anders, neu, artikulieren? Das geht schon deshalb nicht, weil das Wesentliche unabänderlich ist. Und wer kennt schließlich den Zusammenhang zwischen dem Laut, den Buchstaben und der Zahl? Hier kann man nicht, wie beim Computer, jedem Buchstaben irgendeinen Wert zuerkennen, um dann damit weiterzuarbeiten. Denn jeder würde, ganz wie der Fall liegt, diesen Buchstaben wieder andere Werte beilegen. Es käme nicht darauf an, denn man sucht ja nicht das Wesentliche, man will nur eine Prozedur, die in Worten unendlich lange dauern würde, mit Hilfe von Zahlen zeitlich möglich machen, und man will durch die Einschaltung von Zahlen Zusammenhänge erfahren, die bisher im dunkeln lagen.

Bei den Nach-*haflaga*-Sprachen ist der Zusammenhang zwischen Laut und absoluter Zahl – also nicht der von Menschen festsetzbaren relativen, willkürlichen Zahl – verlorengegangen. Dieser Verlust ist identisch mit dem Verlust des Zusammenhanges zwischen äußerer Erscheinung und absolutem Wesen. Man kann sagen, es sei die göttliche Absicht, die diesen Verlust verursacht. Gott ist es doch, der die *haflaga* hereinbrechen läßt. Bei der Ursache, beim biblischen Hebräisch indessen, existiert diese Verbindung ungebrochen fort. Und wir verstehen nun, daß es sich um die Verbindung zwischen Laut und absoluter Zahl handeln muß. Und wenn dieser Zusammenhang tatsächlich existiert, wenn er vor allem nicht, wie man das nur zu gern annehmen möchte, willkürlich ist, dann gibt es die Brücke, das Band, womit das gehörte und gesehene Wort zur tiefsten, zur weitestreichenden absoluten Formel führen könnte. Für die menschliche Weisheit ist das die Frage von Sein oder Nichtsein. Denn entweder hat sie den Faden zur göttlichen Weisheit, oder es ist alles nur ein Spiel.

4. Der Urgrund der Sprachen

In der Ursprache ist der Zusammenhang zwischen Lauten und absoluten Zahlen selbstverständlich. Was sind die Laute, woher stammen sie? Sie sind im Raumzeitlichen Ausdruck des Willens, sich oder etwas mitzuteilen, so wie das die Schriftzeichen für das Auge bezwecken. Wenn aber Gott etwas mitteilt, dann ist der Buchstabe schon im Äußeren das gleiche, was er für Gott im Inneren, im Wesentlichen, ist. Und Gott gibt dem Menschen, dem bei seiner Erschaffung göttlichen Menschen, diese Verbindung zwischen Himmel und Erde mit. Das ist die Sprache. Sie ist mit dem Menschen erschaffen und ihm eingeboren. Jeder Mensch trägt sie tief in sich. Mit »tief«

meine ich, daß viele Schichten das Urlicht der Sprache umhüllen, es verdunkeln und trübe machen. Je weiter der Mensch in seinem Leben ins Viele fortgeschritten ist, desto verschütteter ist in ihm die Ursprache.

Die Ursprache verbindet das Wissen um eine Sache, um einen Begriff, sogleich mit der dazugehörenden Erscheinungsform im Äußeren, in der sichtbaren Welt. Und sie zeigt noch genau die Linie der Verbindung auf, wie der Zusammenhang verstanden werden kann. Allein schon deshalb kann die Sprache nicht etwas sein, das der Mensch entwickelt hat. Dann müßte nämlich der Mensch auch bewußt das Wesen jedes Dinges wissen. Das Wissen aber ist ihm von anderswoher zugekommen; der Bote ist das Wort, die Sprache.

Bei den Nach-*haflaga*-Sprachen ist dieses tiefste Wissen im Menschen zwar da; er hat aber keine Verbindung mehr zwischen diesem Wissen und den Lauten und Zeichen. Wenn dieses Wissen im Innersten nicht mehr bestünde, könnte er überhaupt nicht sprechen oder schreiben.

Wie verläuft der Weg von den Proportionen im Wesentlichen zu den Lauten im Äußeren? Gewiß hat alles auch in der äußeren Ausprägung sein Verhältnis zu allem anderen. Man könnte alles in Proportionen ausdrücken. Ein Gebäude, ein menschliches Antlitz, Farben, Lichtstärken, wie auch Laute. Man könnte die Schwingungen berechnen, die Intensität der Laute, die Wellenlängen. Es gäbe dann für jede Sache eine immense Reihe von Zahlen und Zahlenkombinationen. Vielleicht wären dann, nach gewissen mathematischen Methoden, Vereinfachungen durchzuführen. Es blieben aber auch dann noch verwirrend viele Zahlen für jedes einzelne Ding. Und das Ausschlaggebende wäre, daß alle diese Zahlen doch mehr oder weniger relative Zahlen blieben. Wie könnte der Mensch aus der äußeren Erscheinung oder aus Gefühlsempfindungen zu den absoluten Zahlen gelangen? Zu seiner Kenntnis gehören doch nur die relativen Zahlen. Alles wird gemessen am anderen, es kann nur ausgedrückt werden, weil es eben am anderen gemessen wird. Die absoluten Zahlen, Zahlen also, die nicht von irdischen Maßstäben abhängen, sind beim Menschen ebenso tief verschüttet wie die Ursprache. Ursprache und absolute Zahl sind das gleiche.

Nie kann der Mensch durch Spekulation oder mit wissenschaftlicher Analyse aus den äußeren Erscheinungen die absoluten Zahlen ableiten. Sie lassen sich nur im tiefsten Inneren finden, in ihrem eigenen Gebiet, also nur dank der dort ebenfalls einheimischen Ursprache. Ursprache und absolute Zahl – ich wiederhole es – sind identisch.

5. Die Zeichen im Kern

Nun enthält die Ursprache, das biblische Hebräisch, eine Mitteilung der Namen von Lauten und Zeichen. Diese Namen sind nur verständlich in der Welt der absoluten Proportionen. Dort nämlich bilden diese Namen die Urtypen der Schöpfung. Sie gehen hervor aus dem Wissen der absoluten Proportionen. Was ist im Wesentlichen groß oder klein, was ist *dort* lang oder kurz? Es sind andere Maßstäbe als die irdischen, als die äußeren, die wir mit den Augen sehen und mit den Ohren hören. Das im Absoluten erste braucht im Relativen keineswegs auch das erste zu sein, bzw. das größte oder kleinste. Im Relativen könnte es wohl einmal dieses und ein anderes Mal jenes sein. Im Relativen würden wir ganz andere Namen geben, wenn wir schon Namen gäben. Im Absoluten aber sind die Namen entscheidend für die Bedeutung, für die Bestimmung im Ganzen; sie zeigen auch auf, was diese Laute und Zeichen im Relativen bedeuten. Denn man kann wohl ohne weiteres vom Absoluten auf das Relative schließen, nicht aber vom Äußeren auf das Absolute, und wenn schon, so ist es jedenfalls äußerst schwierig und langwierig.

Die Schöpfung entwickelt sich vom Unfaßbaren, vom Unendlichen her, das für die Welt wirkt wie ein Nichts, wie ein Gegensatz zum Seienden, zur »Zweiheit«, und von der Zwei weiter in die Vielheit. Es ist der Weg, den wir als $1 \rightarrow 2$ darstellen können (s. Seite 113). Wenn die Entwicklung in die Vielheit die Phase erreicht, wo sie bis zur Grenze des Unendlichen kommt, wo also jedes Individuelle unterzugehen droht, bricht die Umkehr durch, biegt der Weg um zur 2 → 1. Denn wenn auch die »Zwei« ihre äußerste Konsequenz in der Vielheit erreicht hat, als »Prinzip« ist sie immer noch die »Zwei«.

Im Innersten der Schöpfung, im Anfang der Welt, ist dieser Weg der Entfaltung aus dem »fast Nichts« bis zum »fast Unendlich« wie in einem Samenkorn schon da. Dort ist die Potenz zu diesem Weg, dieser Entwicklung, schon eingeschlossen. Und auch die Umkehr, der Tod der Entwicklung, liegt schon in diesem Samenkorn beschlossen. Allem Erscheinenden ist dieser Weg 1 – 2 – 1 eingezeichnet, weil es im Kern, im Wesen, im Absoluten, so ist. Und im Absoluten hat dieser Weg, haben die verschiedenen Phasen Namen; also Formeln, Sinnbestimmungen; es sind die Potenzen der Möglichkeiten für die Varianten in der Erscheinung.

Im Hebräischen nennt man diese Namen der aufeinanderfolgenden Phasen der Entwicklung *othioth*, »Zeichen«. Es sind die Zeichen des Weltsinnes. Wer sie versteht, hat das göttliche Wissen um die Welt. Das erste dieser Zeichen ist vorweltlich, ist älter als die Schöpfung. Mit diesem Zeichen macht sich bei Gott der Wille zur Schöpfung geltend. Das zweite Zeichen ist das Zeichen der Schöpfung. Mit ihm fängt die Schöpfung an, es ist das Zeichen dieser Welt. Und so geht es weiter, bis man das letzte Zeichen erreicht. Dann ist die Welt zu Ende, dann braust sie in unendlicher Vielheit, in Zersplitterung, in Wahn, in Einbildung. Dann ist sie so weit von Gott entfernt, daß jeder Schritt weiter den endgültigen Untergang im Chaos bedeuten würde. Sie ist dann aber auch in der vollkommenen Freiheit der Wahl, sie kann dann »umsonst« entscheiden. Und dann kommt es zur Umkehr. Sie könnte »im Prinzip« noch während des Lebens verwirklicht werden, jedenfalls aber tritt sie im Tode ein. Denn im Kern ist dieser Weg schon da. Weil er ewig da ist, haben die Zeichen eben auch ihre Urnamen.

Jedes dieser Zeichen hat also einen Namen. Und jedes dieser Zeichen hat daher eine Urform, die sich in die Welt der Erscheinungen ihren Weg bahnt und auch da erscheint. In der Ursprache noch ganz geprägt in seiner Urform. Und jedes Zeichen hat seinen Laut für die

Stimme und für das Ohr. Das erste Zeichen, das Vor-Schöpfungs-Zeichen, ist noch kein Laut, es ist nur ein unhörbarer Hauch, ein Atemzug. Das zweite Zeichen ist ein explosives, es öffnet aus dem Verschlossenen, aus dem Nichts, den Weg zur »Zwei«. Beim Menschen entsteht es, indem die geschlossenen Lippen sich mit einem Atemstoß öffnen, wie eine Explosion von innen her.

Die Zeichen, die *othioth,* haben also eine Reihenfolge, die identisch ist mit der Entfaltung der Schöpfung bis zum höchstmöglichen Punkt. Danach tritt wieder die Stille ein, die schon beim ersten Zeichen herrschte. Die Namen der Zeichen sind die Namen der Phasen, und sie sind auch die Deutung der Reihenfolge dieser Phasen. Das erste, noch unhörbare Zeichen heißt in der Ursprache *Alef,* das zweite heißt *Beth.* Beide Namen, wie auch die Namen der weiteren 20 Zeichen, haben im Hebräischen ihre Bedeutung. Diese Bedeutung ist sogar äußerst wichtig, denn sie erklärt aus dem Schatz des Urwissens den Sinn und den Gang der Schöpfung (s. Kapitel III).

Man hat wohl verstanden, daß aus den hebräischen Namen dieser Zeichen der Begriff »Alphabet« entstanden ist. Der Weg ging über das Griechische, wo »alpha« und »beta« usw., insofern sie aus dem Hebräischen übernommen wurden, nichts, gar nichts bedeuten. Es zeigt nur, daß das Hebräische als Ursprache bekannt war.

Wenn man Alphabet sagt, denkt man weiter nicht an Namen, an Urnamen und Urwissen. Im Hebräischen aber sind die Namen eben die Hauptsache; sie erzählen die Weltgeschichte, wie sie schon im Samenkorn enthalten ist, wie sie sich immer wieder entfalten wird, in der Welt, aber auch in jedem Menschen, ja in jedem Geschöpf, in allem, was hier erscheint. Und das Allerwichtigste ist, daß diese Namen eine Reihenfolge haben, die bestimmt ist von der Schöpfungsgeschichte und von der in ihr enthaltenen Lebens- und Weltgeschichte. Diese Reihenfolge der »Zeichen« – im Hebräischen heißen Buchstaben eben nur »Zeichen« – ist also die Reihenfolge der Buchstaben, die Reihenfolge der Laute. So spricht sich das Innere im Äußeren aus. *Alef* steht vor *Beth,* weil Gottes Wille zur Schöpfung der Schöpfung selbst vorangeht. Und weil *Alef* in den nichthebräischen

Sprachen, in den Nach-*haflaga*-Sprachen, a ist und *Beth* b, steht nun einmal a vor b, und so fort.

34 Wenn man also nur die nichthebräischen Sprachen betrachtet, ist die Reihenfolge der Buchstaben willkürlich. Höchstens könnte man sagen, daß es nun einmal eine althergebrachte Tradition sei, welche diese Reihenfolge bestimmt. Es wäre praktisch nichts dagegen einzuwenden, mit dem k anzufangen, mit dem e zu endigen und dazwischen alle anderen Buchstaben in eine durcheinandergewürfelte Reihenfolge zu stellen. Allerdings unter der Bedingung, daß man diese nun eingeführte neue Reihenfolge auch weiter beibehält. Sonst könnte man den Kindern kaum dieses neue »Alphabet« lehren, und auch bei den Computern gäbe es dann Schwierigkeiten. Im Hebräischen aber steht die Reihenfolge aus ganz prinzipiellen Gründen fest, weil erst die »Eins« kommt, dann die »Zwei«, die »Drei« usw., usw.

Ja, soviel versteht der Mensch noch, daß erst die »Eins« kommt, dann die »Zwei«. Bei den Zahlen hat er noch das Gefühl für die Urproportionen, bei den Zeichen und Lauten nicht mehr. Eben, die *haflaga* ist über ihn gekommen; er weiß in seinem zersplitterten Sein nichts mehr von der Verbindung, vom Zusammenhang.

Die Reihenfolge der Buchstaben wird also von der Reihenfolge der Zahlen bestimmt. Die Zahlenreihenfolge findet der Mensch logisch; er hat noch das Wissen in sich, daß die Schöpfung und er selber diesen Weg gehen, aus dem scheinbaren Nichts über die Zweiheit in die Vielheit. Er denkt darüber nicht nach; so ist es, sagt er sich, etwas anderes wäre unsinnig.

6. Das Zählen im Wesentlichen

Im Hebräischen ist also die Buchstabenreihenfolge, die »Zeichen«-reihenfolge, dasselbe wie die Zahlenreihenfolge. Für den in dieses Urwissen Eingeweihten sind denn auch die Buchstaben Zahlen und die Zahlen Buchstaben. Er sieht das Wort mit seinem tiefen Wissen von den Namen der das Wort bauenden Buchstaben, und er sieht es auch als eine Zusammenballung von Zahlengruppen. Er versteht die Proportionen und weiß, wo Verwandtschaft vorhanden ist. Mögen auch zwei Worte in ihren Lauten verschieden klingen, wenn dieselben Zahlengruppen darin vorkommen und die Totalität dieser Zahlen die gleiche ist, dann muß im Wesentlichen eine nahe Verwandtschaft zwischen den beiden Begriffen herrschen. In der Welt der Zahlen, des für uns Abstrakten, kann man schärfer sehen, da man nicht durch die Erscheinungsformen, durch Bilder und Gefühle behindert ist.

Es gibt 22 Zahlen dort im Zentrum, von wo aus die Welt der Formen gebildet wird. Form ist eben die Konsequenz der Zahl, der Relationen. Diese 22 Zahlen kommen aus dem *en sof*, dem Unendlichen, dem Unmeßbaren, und bilden eine feste Struktur. Die Grundstruktur bildet die Entwicklungsreihe von der »Eins« bis zur »Zehn«. Die 1 ist wie der lautlose erste Buchstabe eine besondere Zahl unter ihnen. Sie ist die noch einsame Zahl, sie ist wie Gott vor der Schöpfung, noch ohne die Schöpfung als Zugegensein neben sich. »Einer ist Gott, im Himmel und auf Erden«, heißt es. Und desgleichen ist auch die 10 eine besondere Zahl, denn sie zeigt die 1 auf anderer Ebene an. Erst dort in der 10 zeigt sich der besondere Charakter der 1. Denn die 11 z.B. weist schon eine ganz andere 1 auf, da ist die 1 einfach Teil einer Reihe. Die erste 1 aber ist die alles umfassende, die Himmel und Erde umfassende 1. Und die 10 ist ihr verwandt. Deshalb ist die Form des ersten Zeichens – *Alef* – eine Einheit zweier »Zehner«. Zwei Zehner spiegeln sich gegenseitig, und *das* ist die Struktur der 1. Auch der hebräische Name von Gott als »Herr« enthält diese Struktur der zwei Zehner, im Aufbau der 10 und der 5 + 5 (s. Seite 128 ff).

Die absoluten Zahlen kennen dann in ihrer weiteren Folge eine zweite Reihe, wieder also von 1 bis 10, nun aber auf einer anderen Ebene, auf der Zehner-Ebene. Es sind die Zahlen 10 bis 100, wobei wiederum die 10 und die 100 ihren besonderen Charakter haben, wie zuvor die 1 und die 10. Es sind also nun die Zahlen 20, 30 usw. bis 100. Und dann wiederholt sich die Reihenfolge auf der Hunderter-Ebene, aber dann nur bis zur 4, also hier der 400. Es sind die Zahlen 100, 200, 300, 400. Mit der 400 endet die Reihe der absoluten Zahlen als »Zeichen«.

Die 4 Hunderter-Zahlen gehen bis zur 400, denn ihre Summe bil-
det die Zahl 1000. Und diese ist im Hebräischen *elef* und wird genauso
36 geschrieben wie das Zeichen für die 1, *Alef.* Die Vierheit enthält im-
mer schon die 10, die 1 auf anderer Ebene.

Die 22 Zeichen sind die Bewohner des Kernes, des Wesentlichen. Aus ihnen bauen sich alle existierenden Wörter der Ursprache. Mit ihnen macht Gott, wie es heißt, die Welt. Es ist also eine Bedingung, daß man die Bedeutung eines jeden dieser Zeichen kennt, ehe man sich mit der Sprache oder mit den Erscheinungen in den verschiedenen Formen des Lebens beschäftigt. Nur über das Wesentliche kann man die Erscheinungen verstehen.

Die Welt der Erscheinungen entsteht durch die Kombinationen der 22 Urmöglichkeiten.

Das letzte Zeichen dieser 22 ist das *Taw,* also der absolute Wert von 400. Das will sagen, daß es im Absoluten keinen höheren Wert in der Reihe gibt als eben diese 400. Höheres findet keine Ausdrucksmöglichkeit mehr. Bis dorthin läßt Gott die Welt der Schöpfung sich entwickeln. Deshalb ist für diese Welt die absolute Zahl 400 das Unendliche, ist sie die äußerste Grenze des Alls, in Raum und Zeit. Wenn also die Bibel von 400 spricht, dann ist das immer die absolute 400 – die Bibel ist eben die Mitteilung aus dem Absoluten –, und es bedeutet dann die ganze Schöpfung und die ganze Zeit.

Wenn erzählt wird, daß das Land Israel 400 Einheiten (Parasangen, aber es könnte jede andere Maßeinheit sein) lang und breit ist, dann will das sagen, daß für Gott diese ganze Schöpfung das Land Israel ist. Wenn gesagt wird, daß die Knechtschaft in Ägypten 400 Jahre dauert, dann bedeutet es, daß sie so lange dauert wie diese Welt, die ganze Zeit hindurch.

Und so sind auch die 4 und die 40 Hinweise auf eine »ganze« Zeit. Denn, wie schon gesagt, mit der 4 entsteht die 10 (als 4 + 3 + 2 + 1), und mit der 40 die 100. Mit der 4 reicht es immer bis in die andere Ebene, jedenfalls bis zur Grenze, bis zur neuen Manifestation der »1«.

Das ist der Grund, warum die Bibel so oft, wenn sie Zeitmaße nennt, von 40 und 400 spricht. Und deshalb bedeutet die 500, wofür also Gott kein Zeichen für diese Schöpfung gegeben hat, eine Welt außerhalb dieser Schöpfung. Es ist die Welt, wo Gott, nachdem er dieser Welt hier Zeit und Raum gegeben hat, in seiner Transzendenz wohnt, während er in der Welt der 400 in seiner Immanenz anwesend ist.

So sagt die Überlieferung dann auch, daß Himmel und Erde 500 Jahre voneinander entfernt sind. Tatsächlich, 500, jene hier nicht existierende Form, das hier nicht existierende Zeichen. Und so bezeichnet sie den Umfang des Baumes des Lebens ebenfalls mit 500 Ellen (oder auch Jahren). Denn diese Welt hat mit dem Nehmen vom Baum der Erkenntnis eben »nur« das Maß 400 behalten. Die restlichen 100 sind ihr verborgen, sind hier nicht zu finden. Jetzt nur noch über den Tod, der diese 400 durchbricht.

Und wie die 500, so haben auch die 50 und die 5 einen besonderen Charakter in der Welt des Absoluten. Die 50 gilt als Moment der neuen Welt, des neuen Welttages. Es ist der 8. Tag, wie man es nennt. Denn diese Schöpfung endet mit dem 7. Tag. Der 7. Tag ist unsere immerwährende Gegenwart. Er erfüllt sich in seiner Begegnung mit sich selbst, durch die Erscheinung aller Möglichkeiten, so wie sie im 7. Tag erscheinen können. Im Absoluten ist es die Begegnung der 7 mit der 7, und das drückt sich, wie man mit Hilfe eines Quadrats, das in 7 Teile geteilt ist, leicht sehen kann, in 49 Möglichkeiten aus. Mit der 49 ist der 7. Tag, diese Welt also, erfüllt. Darum spricht die Überlieferung auch von den 49 Pforten, die hier durchschritten werden können. Mit dem 50. kommt der neue Tag, der 8. Tag. Am 50. Tag ist denn auch die Offenbarung des Wortes, der Thora, ist Pfingsten.

Der 5 ist ebenfalls ein solch überweltlicher Charakter eigen. Der Name Gottes als »Herr« zeigt denn auch in seiner Struktur die 10 und 5+5 auf (s. Seite 129).

Mit diesen Beispielen will ich hier nur zeigen, daß Zahlen in der Bibel in einer ganz ernsthaften Weise gelesen werden sollen. Denn es handelt sich um absolute Zahlen. Man kann an ihnen – und das gilt für jedes Wort in dieser wunderbaren Schöpfung im Worte – nicht achtlos vorbeigehen. Die Überlieferung kennt natürlich die Bedeutung von Wort und Zahl, und auch ihre Mitteilungen kommen aus

dem Bereich des Wesentlichen.

7. Äußerer, voller und verborgener Wert

Wie kann man nun mit diesem Wissen vorgehen? Denn es ist uns verliehen, damit wir die Wunder der Welt, der Schöpfung, des Wortes, kennenlernen und durch diese Wunder unserem Leben einen Sinn geben, einen, ich möchte fast sagen, absoluten Sinn. Der Mensch ist die Welt, und er kann sich nicht zufriedengeben mit einem Teilziel. Er *will es* auch nicht, er will das Ganze, und nur die Aussichtslosigkeit verurteilt ihn zur Berauschung mit privaten, gesellschaftlichen oder nationalen Zielsetzungen. Die Thora, die mündliche und die schriftliche, öffnen ihm aber Tore in ungeahnte Welten; der Mensch erhält ein Weltall-Bewußtsein, er spürt, wie wichtig und groß sein Leben ist, daß es alle Welten und Zeiten füllt.

Das Wissen um das Geheimnis der Sprache läßt ihn jedem Wort nun mit ganz anderen Gefühlen begegnen. Er kennt nun den Sinn der Worte, er weiß von der Bedeutung, er hat Kenntnis von der Zusammensetzung des Kernes. Die Buchstaben sind ihm, wie ihr hebräischer Name auch sagt, Zeichen geworden, und er weiß, daß diese Zeichen Proportionen, Relationen offenbaren. Deshalb will er außer dem Bild, welches das Wort im Äußeren hervorruft, die Proportionen kennen. Er will wissen, welche Potenz an Proportionen ein Wort enthält. Er will genau wissen, was der Sinn der Buchstaben und ihrer Namen ist. Denn diese Urnamen sind die Urtypen, und jedes Wort, jede Erscheinung, in allen Zeiten, ist mit ihnen gebaut. Wie ein Wort auch aussieht, was es bedeutet, es besteht aus den »Zeichen« (die Wurzel jedes hebräischen Wortes hat mindestens zwei Buchstaben), und diese Zeichen haben Namen. Nur *diese* 22 Namen existieren dort im Wesentlichen. Es ist daher äußerst wichtig, die Zeichen nicht nur nach ihrer Stelle in der Reihenfolge zu berücksichtigen, sondern auch nach ihren Namen. Denn diese Namen bilden vielleicht doch das ganze Geheimnis des Wortes und der Sprache.

Und dann: Man *sieht* doch auch die Zeichen. Sie haben eine besondere Form, von einem Urtypus abgeleitet. Es ist die Urform des Menschen, des göttlichen Menschen. *Was* sieht man also? Man sieht den Namen! Denn jede Form ist eine Zahlenkombination, eine Zusammensetzung von Proportionen. Und solch ein Ganzes hat einen Namen. Der Name ist zugleich auch der Sinn einer Erscheinung, er stellt seinen Raum fest, seinen Ort und seine Zeit. Er ist eben das, was durch seine Urproportionen den Erscheinungen ihren Ausdruck verleiht.

Wenn man also ein Wort sieht, sieht man die Namen der Buchstaben, die das Wort bilden, man sieht ihre Formen, und man sieht auch das Wort als Ganzes, als ein Bild, zusammengesetzt aus drei (oder zwei oder mehr) Zeichen, die alle aus dem Urzeichen, dem *Jod,* der »10«, geformt worden sind. In einer blitzschnellen Wahrnehmung erscheint alles gleichzeitig. Dennoch sieht man aber die verschiedenen Zeichen, woraus das Wort gebildet ist, sieht ihre Form und weiß ihre Namen, und sieht doch auch das ganze Wort als Einheit, als Bild, gebaut aus den Zeichen.

Wenn man ein Wort hört oder spricht, dann geht es nur um die Laute. Die Namen der verschiedenen Laute der Buchstaben, die das ausgesprochene Wort bilden, kann man sich beim Sprechen oder Hören nicht bewußtmachen, obwohl sie irgendwie doch mitspielen. Spricht man z. B. das Wort *Schabath* aus, dann sind daran die Zeichen *Schin, Beth* und *Taw* beteiligt. Man hört aber nur seh, b und th. Das andere, der Rest der Namen, ist verborgen geblieben. Und doch waren sie irgendwie dabei, denn es gäbe keinen Laut »sch«, wenn nicht das Zeichen mit dem Namen und mit der Form des *Schin* existierte.

Wie wichtig diese Dinge sind, sollen einige Beispiele zeigen. Das obengenannte Wort *Schabath* (das, was wir sonst Sabbath nennen) ist den Proportionen nach (s. Tabelle Seite 142) 300, 2 und 400. Weil das Wort ein Ganzes bildet, schreibe ich die Zahlen mit Verbindungsstrichen, also: 300–2–400. Eine Zahl sagt gleich schon etwas anderes als Laute, als »Zeichen«. Man weiß nun also, daß das Wortganze – und jedes Wort bildet eine Einheit, ist etwas für sich, hat seinen eigenen Namen (hier also *Schabath*) – die Zahl oder, besser ausgedrückt, die Proportion 702 aufweist. *Schabath* ist als Wort 702, während sein Wortaufbau im Absoluten sich als 300–2–400 darstellt. So ist das Wort für Mensch, *adam, Alef-Daleth-Mem,* also 1–4–40. Das ganze Wort hat als Einheit die Proportion 45. Ich nenne diesen Wert den *äußeren* Wert oder den normalen Wert.

Wenn man so zählt, berücksichtigt man, wie oben schon gesagt, nicht die *Namen* der Zeichen, man zählt nur ihren Wert, den sie in der Reihenfolge der Entwicklung haben. Wozu die Namen also, wenn man sie nicht sieht? Jedes Zeichen hat seine Form, und diese Form hängt mit dem Namen zusammen. Deshalb wird auch gesagt, daß man beim Lesen der Thora die Worte *sehen* und zugleich *aussprechen* muß. Erst dann sei man der Mitteilung im Wort gerecht geworden.

Das Sehen ist, wie man sagt, die Mitteilung, die uns von der rechten Seite erreicht, das Hören dagegen die Mitteilung von der linken Seite. Die rechte Seite ist die für uns als zeitlos erscheinende, die linke Seite ist die »langsame«, die Zeit-Seite. Die rechte Seite heißt auch die *Licht*-Seite, die linke die *Wasser*-Seite. Sehen nun nimmt die Mitteilung vom Licht auf, Hören vom Wasser. (Nähere Erläuterungen dazu im Kapitel 11.) Die Mitteilung des Wesentlichen muß von beiden Seiten zugleich erfolgen. Deshalb heißt es, daß man – und das gilt speziell von der Thora oder anderen Worten, von denen man weiß, daß sie heilig, also ganz und ungespalten sind – die Worte, die man ausspricht, auch sieht; und daß man die Worte, die man sieht, auch hört, auch spricht. Selbst wenn man einen Text auswendig kennt, soll man ihn doch buchstabengetreu lesen und die Buchstaben auf sich einwirken lassen. Man sieht dann ihre Form, und das Sehen dieser Urformen bedeutet für den Menschen sehr viel. Es gibt z. B. von der Überlieferung angegebene Wege, wie man sich Einlaß verschaffen könnte in höhere Welten. Einer dieser Wege weist darauf hin, daß man die Zeichenformen vor sich habe und sie durch meditatives Betrachten in sich aufnehme. Denn diese Formen sind mit die Grundformen der Schöpfung. So sind die wesentlichen Strukturen. Und man bedenke dabei, was die Namen dieser Urformen zu sagen haben. Wenn man das richtig in sich aufgenommen hat – es müssen selbstverständlich noch andere Bedingungen erfüllt werden –, dann öffnen sich Türen, die in andere Welten führen.

Sieht man also das Wort *adam,* so sieht man *Alef, Daleth* und *Mem.* Man sieht den ganzen Namen, weil die Form jedes Buchstabens. Von *Alef* sieht man also das *Wort Alef,* und dieses Wort wird geschrieben als *Alef-Lamed-Peh,* in Proportionen als 1 – 30 – 80. Der *volle* Wert von *Alef* ist daher 111. Der volle Wert des Zeichens »1« ergibt diese 1 auf allen drei Ebenen! Mit der 1 hat es dann auch seine besondere Bewandtnis. Der äußere Wert, der Wert in der Reihenfolge der Entwicklung, ist die 1. Der Wert also, der *gehört* wird, ist die 1. Und was die beiden Seiten verbindet, die rechte und die linke Seite, ist der Zwischenwert, der *verborgene* Wert, in diesem Falle also die 110.

Dieser Zwischenwert ist sehr wichtig. Es ist der Wert, welcher mitschwingt, wenn man ein Wort spricht. Man sieht ihn nicht, man hört ihn nicht. Im Verborgenen ist er aber da und bildet die Brücke zwischen unserer, linken Welt und der göttlichen rechten. Die linke Seite ist, weil sie auch die Zeit- und die Wasser-Seite ist, die weibliche Seite. Und die rechte Seite heißt die männliche (s. Kapitel 11). Das Verhältnis zwischen dem Menschen und Gott ist wie das Verhältnis zwischen dem Weiblichen und dem Männlichen.

Unsere Stimme – und die Stimme ist das Geheimnis des Menschen – spricht nur das Äußere aus. Aber die Zeichen und ihre Namen bringen den verborgenen Wert auf die rechte Seite, zu Gott, wo der volle Wert, die volle Form und der ganze Name zugegen ist.

Beim Wort *adam* ist also *Alef* in seinem vollen Wert 111, in seinem *verborgenen* Wert 110. Der zweite Buchstabe, *Daleth,* schreibt sich 4 – 30 – 400 (s. Tabelle Seite 142). Der *volle* Wert von *Daleth,* der 4 in der Reihenfolge der Zahlen, ist also 434, der *verborgene* Wert 430. Der dritte Buchstabe, *Mem,* schreibt sich 40-40. Der *volle* Wert ist 80, der *verborgene* 40.

So ist also der volle Wert, der Wert der rechten Seite, vom Wort *adam* 111 + 434 + 80 = 625. Der äußere Wert dagegen ist 1 + 4 + 40 = 45, und der verborgene Wert, also der Wert, womit der Mensch von dieser linken Welt zur rechten gelangt, ist 580.

42 Nun hat man die Namen, obwohl sie von rechts sind, vom Wesentlichen, vom Himmel herstammen, doch mit unserer Welt der Erscheinungen in Verbindung gebracht. Sie sind hier verborgen. Aber sobald ein Wort gesprochen wird, kommen sie in Bewegung, bringen durch ihre Namen unsere Welt mit dem Wesentlichen zusammen.

8. Der *athbasch*-Wert

Unsere Welt ist in jeder Hinsicht etwas »Halbes«, wenn man sie auf das Wesentliche bezieht. Schon durch die Schöpfung steht sie dem Schöpfer gegenüber. Sie ist schon da nur die eine Seite. Und dieses Faktum wirkt sich in allen Verhältnissen aus. Mit allem, was hier erscheint, erscheint lediglich die eine Seite, die andere bleibt Geheimnis.

Dieses Wissen zeigt sich z. B. im Namen Gottes als Herr (s. dazu auch Seite 119 ff). Dieser Name (10–5–6–5) ist, wie oben bereits erklärt, aufgebaut aus zwei Zehnern, wobei der zweite Zehner in 5 + 5 geteilt ist. Die 6 nämlich, *Waw,* führt den Namen »Haken«. Das will sagen, daß die 6 immer verbindet, und deshalb heißt ein Haken auch immer *Waw,* also 6. Wenn man z. B. das Wort »und« braucht, dann benutzt man im Hebräischen dafür stets nur den Buchstaben *Waw.* »Und« ist daher immer »6«. 5–6–5 bedeutet somit 5 »und« 5.

Die erste 10 des Gottesnamens nennt man »die 10 von oben, vom Himmel«, die zweite 10 aber ist schon in 5 »und« 5 geteilt. Und nur die eine Seite davon, die zweite 5 nämlich, ist das irdisch Erscheinende. Die erste 5 gehört noch nach oben, zum »Himmel«. Deshalb sieht man diesen Namen Gottes auch als aus zwei Bestandteilen aufgebaut, nämlich dem Teil 10–5, der dem Oben angehört, und dem Teil 6–5, der für diese Welt ist. Und der Sinn des menschlichen Lebens und des menschlichen Tuns ist es, die 6–5 mit der 10–5 zu einer Einheit zu verbinden.

Man sieht also, die 6, der Verbindungshaken »und«, ist unten vorhanden. Es gibt hier »unten«, das heißt in der Welt der Erscheinungen, die Möglichkeit, die Verbindung zu erlangen. Es ist, wie schon erwähnt wurde, wie mit dem »verborgenen« Wert, der, wenn man unten nur etwas tut, ins Leben tritt und zu wirken beginnt.

Hier unten kennen wir also nur die eine 5. Die andere Seite ist anderswo, sie ist oben. Und deshalb hat jede Erscheinung hier unten ihre Gegenerscheinung anderswo. Alles ist hier »halb«, wie es heißt, nichts ist hier vollständig, und nichts ist hier bis ins Letzte zu verstehen.

Diese Gegenseite ist nun aber in den Namen der grundlegenden Zeichen dennoch bekannt. Da, im Innersten, ist alles anwesend, diese Seite und die andere Seite. Denn im Innersten liegt doch der Ursprung des Wortes; dort sind die absoluten Proportionen offenbar. Was hier, in unserer Erscheinungsform, sich als Gegensatz äußert, ist dort, im Wesentlichen, zwar andersartig, doch gleichwohl auch zusammengehörig, in einem harmonischen Ganzen zueinander passend, vereint. Es ist dort Zweiheit und Einheit in einem. Man denke nur an die Form des Zeichens für »eins«: die Einheit gebildet aus zwei Zehnern, die vom Zeichen »6« miteinander verbunden sind (s. Seite 128).

So besteht eine Einheit auch zwischen dem ersten und dem letzten Zeichen. Sie sind Gegensätze, für *unsere* Welt sind sie die extremsten Gegensätze. Und doch ist das Wort für »Zeichen« eine Verbindung des ersten Buchstabens mit dem letzten. *Das* ist eben das Zeichen. Und wenn man im Wort von einer Sache andeuten will, daß man alle Merkmale dieser Sache mit einschließen möchte, alle Positionen, alle Möglichkeiten, alle Potenzen, dann benutzt man den Ausdruck *eth,* geschrieben 1–400. Also wenn etwas *wirklich* ganz, vollständig umschrieben werden muß, dann ist es das Zusammentreffen der einen mit der anderen Seite, des Anfangs und des Endes. Hier sind für unsere Erscheinungsform die größten Gegensätze, in Wirklichkeit aber ist es die einzig mögliche Darstellung einer Sache als Ganzes. Wenn wir aber gelegentlich sagen, etwas sei »von A bis Z so«, dann meinen wir alles das, was *hier* möglich ist. Doch dies ist, wie man wohl verstehen wird, etwas grundsätzlich anderes als der Begriff 1 – 400. Dieser will sagen, daß das Gegensätzliche, und zwar das am extremsten Gegensätzliche, zusammen eine *Einheit* bildet.

44 Daher gibt denn, von diesem Prinzip bestimmt, der Begriff »2« nur die eine Seite wieder. Ihm gegenüber steht der Begriff des Vorletzten, der 300. Je mehr die Entwicklungsreihe sich der Mitte nähert, desto näher rücken sich die Gegensätze. Sie bleiben aber Gegensätze. Sie werden nur in unserer Welt besser verstanden, man könnte sie sich schon eher als eine Einheit vorstellen.

Es ist also sehr wertvoll, daß die Namen der Zeichen und die Reihenfolge ihrer Proportionen beide Seiten umfassen. Man könnte sagen, daß die 22 Buchstaben der Ursprache zweimal elf Zeichen sind, elf von der einen Seite und elf von der anderen. Wenn nun ein Wort von uns verstanden wird, müssen wir uns immer auch vergegenwärtigen, daß dieses Wort einen Gegenbegriff hat, den wir uns nicht vorstellen und den wir auch nicht beschreiben können. Wir können aber, durch die absoluten Zeichen, wohl etwas, nämlich den Proportionswert der Gegenseite kennenlernen. Und das zeigt uns oft sehr überraschende Fakten. Denn durch die Zahlen können wir im Gegensatz zum Bild, zur Erscheinung, zur anderen Seite durchdringen. Wir wissen, daß die Zahlen überall die gleiche Bedeutung haben. Sie drücken das Wesentliche aus; hier noch in Zahlen, in der Welt der Erscheinungen eben als Formen. Beim diesseitigen Wort kennen wir die Form, das Bild; beim gegenseitigen Wort kennen wir keine Form. Wohl aber kennen wir die Zahl und wissen dadurch, mit welcher Form es hier verwandt oder sogar identisch ist. Und das bringt uns ungeahnte Überraschungen, schenkt uns Weit- und Tiefsicht.

Man nennt dieses Wissen und diese Praxis das *athbasch*-Prinzip. Dieses Wort ist nichts anderes als eine konstruierte Verbindung des ersten mit dem letzten Buchstaben, a – th, und des zweiten mit dem vorletzten Buchstaben, b – sch. Mit dem *athbasch* kennt man das Wort und die Gegenseite dieses Wortes; man blickt in eine ungekannte, aber ganz bestimmt existierende Welt.

Ich will auch hier zur Illustration einer solchen Praxis ein Beispiel geben. Wir nehmen wieder den Begriff »Mensch«, also *adam*. Der *athbasch*-Wert dieses Wortes (s. Tabelle Seite 142), das von unserer Seite aus geschrieben 1–4–40 ist, beträgt 400–100–10. Das ganze Wort ist also im *athbasch* 510. Zusammen mit dem diesseitigen Wert, der, wie wir sahen, 45 ist, finden wir für den Menschen die Zahl 555, also die Zahl, von der wir wissen, daß sie eine andere Welt, daß sie Himmel und Erde vergegenwärtigt. Wir erinnern uns auch an die kurze Besprechung von 500, 50 und 5. Ohne Worte ist hier vom Menschen etwas ausgesagt, das so durchgreifend ist, so unumstößlich darauf hinweist, daß der Mensch neben seiner Erscheinung hier auch noch ganz etwas anderes ist, so daß man tatsächlich sagen kann, hier *die* Formel, *die* Definition des Menschen zu haben. Es erübrigt sich vielleicht, hier noch darauf hinzuweisen, daß der *volle* Wert für *adam*, 625, die 5^4 ist, die 5 also wieder in vierfacher Potenz. Wenn man, was in meinen anderen Schriften ausführlich von den 4 Welten erzählt wird, versteht, so wird man diese 5^4 auch als ein Wunder des Wortes empfinden. Der *verborgene* Wert, wofür wir oben die 580 gefunden haben, bedeutet für den Kenner meiner anderen Schriften ebenfalls eine ausschlaggebende Mitteilung. Denn mittels der 58 wie der 10 bzw. 100 × 58 erzählt das Wort vom entscheidenden Punkt der Erlösung, dem Ende der Welt der Zweiheit.

Und der *athbasch*-Wert von *adam*, 510, den wir hier oben bezeichnet haben, zeigt tatsächlich auf die »Gegenseite«. Es ist nämlich der *verborgene* Wert für das Wort *maschiach*, den »Gesalbten«, den Messias also. Dieses Wort *maschiach*, 40–300–10–8, ist mit seinem *vollen* Wert (40–40, 300–10–50, 10–4–6, 8–400) 868, und da der äußere Wert 358 ist, bedeutet es, daß der *verborgene* Wert dieses Wortes genau diese 510 des Menschen ist.

Kapitel II Das Zählen bis vier

1. Das Schöpfungsschema im 1. Kapitel der Genesis

Die Schöpfungsgeschichte in der Bibel ist für viele ein Bericht, mit dem sie nichts anfangen können. Gerade die ersten beiden Kapitel der Genesis eignen sich am besten, um die verborgene Struktur der Bibel aufzuzeigen. Gleichzeitig wird das ein Beispiel sein, wie die Bibel entdeckt werden will.

Wir haben es beim Text der Bibel mit dem Wort als unmittelbarer Mitteilung zu tun. Sehen wir zu, ob sich uns da eine Ordnung erschließt, ein Leitgedanke, der als Schöpfungsprinzip seine Gültigkeit erweist. Beim Lesen des ersten Kapitels der Bibel fällt auf, daß in der Nennung zahlreicher Gegensatzpaare eine durchgehende Zweiheit herausgestellt ist. Diese wird gleich zu Beginn durch »Himmel« und »Erde« typisiert. Es folgen an jedem der sechs Tage, in denen der Bibel gemäß die Welt erschaffen wurde, weitere Gegensätze. »Licht« und »Finsternis« sind das Thema des 1. Tages. Der Gegensatz des 2. Tages sind die Wasser, die sich am Firmament scheiden: die Wasser oben und die Wasser unten. Der 3. Tag erlebt die Ausmarchung des Wassers als Meer und des Trockenen als Erde; der 3. Tag bringt aber noch eine andere Zweiteilung: Es kommen zweierlei Gewächse, samengebende und fruchttragende (Gen. 1, 11 u. 12).

Dieses Prinzip wiederholt sich am 4., 5. und 6. Tag. Am 4. Tag wird das große Licht für den Tag und das kleine Licht für die Nacht erschaffen. Am 5. Tag erscheint das Leben der Vögel, die in der Höhe fliegen, in der Richtung der Wasser oberhalb des Firmaments, und das Fischleben, das die Wasser unten bevölkert. Zum Schluß kommt am 6. Tag als Äußerung der Gegensätzlichkeit der Unterschied zwischen dem Vieh und den wilden Tieren, gefolgt – am selben 6. Tag – von einer zweiten Schöpfung: dem Menschen. Dabei kommt der Mensch zunächst als Einheit; mit einer gewissen Verzögerung setzt sich die Zweiheit aber auch beim Menschen durch, indem die Frau als Gegenüber des Mannes erscheint.

Der erste Schöpfungsbericht, mit dem wir uns vorerst allein befassen, zeigt schon bei oberflächlicher Betrachtung die Bildung einer
48 Doppelheit bei jeder Schöpfungstat. In diesem Dualismus der Schöpfung tritt unausgesprochen, jedoch mit zunehmender Deutlichkeit ein anderer Dualismus zutage, der des Männlichen und des Weiblichen. Bei den Pflanzen wird er stillschweigend vorausgesetzt, bei den Tieren am 5. Tag wird er in der Aufforderung »Seid fruchtbar und mehret euch« bereits deutlich, um schließlich beim Menschen als bestimmendes Prinzip ausgesprochen zu werden. Das Prinzip der Zweiheit durchdringt den Schöpfungsbericht aber noch tiefer; seine Struktur erschließt sich bei näherem Zusehen.

Die Trennung von Licht und Finsternis ist Gegenstand der Schöpfungstat des 1. Tages. Der Bericht kommt aber am 4. Tag auf den Unterschied von Licht und Finsternis als Tag und Nacht zurück; Sonne, Mond und Sternen wird dann ihre Aufgabe zugewiesen.

Der 2. Tag bringt die Scheidung der Wasser oberhalb und unterhalb der Himmelsscheide. Beide Bereiche spielen erneut eine Rolle am 5. Tag, wo die unterschiedlichen Wasser mit Leben erfüllt werden.

Im Gegensatz zu den beiden vorhergehenden Tagen geschehen am 3. Tag zwei nachdrücklich getrennte Schöpfungen: Land und Meer sowie samengebende und fruchttragende Gewächse. Auch der 6. Tag ist durch eine solche Zweiteilung der Schöpfungen gekennzeichnet. Dazu kommt, daß die Geschehnisse im ersten Teil des 3. Tages die Vorbedingungen für das Leben auf der Erde herstellen, während im zweiten Teil desselben Tages die Formen dieses Lebens erscheinen. Gleicherweise ist das Kommen des Tierlebens am 6. Tag Voraussetzung für das menschliche Dasein auf Erden, das im zweiten Teil des 6. Tages Wirklichkeit wird.

Es besteht also unverkennbar ein Zusammenhang zwischen dem 1. und 4., dem 2. und 5. sowie dem 3. und 6. Tag. Insgesamt stehen aber auch der 4., 5. und 6. Tag in der Fortsetzung des 1., 2. und 3. Tages; sie sind eine Auswirkung, eine Ausgestaltung und Konkretisierung der ersten drei Tage. Somit bestehen zwei aufeinander angewiesene Gruppen von je drei Tagen: 1 – 2 – 3 und 4 – 5 – 6.

Die festgestellten Zusammenhänge lassen sich übersichtlich darstellen:

1. Tag	Licht Finsternis	4. Tag	Sonne Mond und Sterne
2. Tag	Wasser oben Wasser unten	5. Tag	Leben oben Leben im Wasser unten
3. Tag	Wasser/Meer festes Land (allgemeine Lebensgrundlagen) samenspendende Pflanzen fruchttragende Pflanzen (Leben erscheint)	6. Tag	Vieh wilde Tiere (Lebensgrundlagen für den Menschen) Mensch { Mann / Frau (Menschen-Leben erscheint)

In dieser Übersicht und den vorangegangenen Erörterungen ist absichtlich alles summarisch behandelt worden, um vorerst die großen Linien herauszuarbeiten.

Geben wir dem oben gefundenen Schema eine andere Anordnung, in der die verborgene Struktur deutlicher zum Ausdruck kommt:

2. Tag		1. Tag
	3. Tag	
5. Tag		4. Tag
	6. Tag	

Die zentrale Bedeutung des 3. und 6. Tages kommt dabei besser zur Geltung. Gleichzeitig erhalten der 1. und 4. Tag, in denen vom Licht gehandelt wird, den Platz rechts, und der 2. und 5. Tag, in denen es um das Wasser geht, den Platz links.

Man könnte dieses Schema noch anders anordnen, doch wir wollen uns an diese Darstellung halten, die bereits im Altertum bekannt

war:

2. Tag	Wasser oben Wasser unten	Licht Finsternis	1. Tag

3. Tag Wasser/Meer
festes Land
samenspendende Pflanzen
fruchttragende Pflanzen
(Leben erscheint)

5. Tag	Leben oben Leben im Wasser unten	Sonne Mond und Sterne	4. Tag

6. Tag Vieh
wilde Tiere
(Lebensgrundlagen für den Menschen)
Mensch { Mann / Frau }
(Menschen-Leben erscheint)

Aus dieser Anordnung wird deutlich, daß der 4. Tag eine Art Konsequenz des 1. Tages in einer anderen Sphäre ist. Dasselbe gilt für den 5. gegenüber dem 2. Tag, wie auch für den 6. gegenüber dem 3. Tag. Ebenso stehen die ersten drei Tage als ein Urzyklus den zweiten drei Tagen als einem Folgezyklus auf einer anderen Ebene gegenüber.

Man kann auch herauslesen, daß der Weg der Entwicklung vom 1. über den 2. zum 3. Tag im Leben an sich eigentlich sein Ziel erreicht. Was vom 4. über den 5. zum 6. Tag hin geschieht, ist eine Folge dessen, was an den ersten drei Tagen festgelegt wurde.

Das Prinzip der Zweiheit ist nicht nur auf eine Ebene beschränkt, sondern erfaßt mehrere Bereiche. Zur primären Dualität jedes Schöpfungstages kommt eine Dualität des Lebendigen. Der Gegensatz von Mann und Frau zeigt sich erst voll beim Menschen. Der 3. Tag und somit auch der 6. Tag sind durch eine besondere Doppelheit gekennzeichnet. Zweiheit kommt auch zum Ausdruck in der Gegenüberstellung einer Licht- und einer Wasserseite, in unserem Schema als rechte und als linke Seite erscheinend. Schließlich ist auch die Zweiheit von wesentlicher Bedeutung, welche die beiden Zyklen von je drei Tagen bildet; die zweiten drei Tage können als eine Projektion dessen angesehen werden, was die ersten drei Tage angebahnt haben.

Ohne tiefer in die Inhalte des Schöpfungsberichts von Genesis 1 einzudringen, haben wir die darin enthaltene Systematik feststellen können. So wird klar, daß diese Mitteilungen der Bibel weit über eine chronologische Aufzeichnung der Schöpfungsgeschehnisse hinausgehen. Eine solche ist gar nicht beabsichtigt; vielmehr enthalten die Mitteilungen eine kaum verhüllte Ordnung, deren Tragweite nicht überschätzt werden kann.

2. Zusammenhänge, die sich aus dem Schöpfungsschema ergeben

Beim Schöpfungsschema haben wir die Zahl 3 in dem Sinne kennengelernt, daß zwei entgegengesetzte Kräfte durch das Hinzukommen eines Dritten zu einem Zyklus gebunden werden. Es kommt eine Einheit zustande. Die Doppelheit des Dritten hat zur Folge, daß auf die 3 Tage jedes Schöpfungszyklus 4 Schöpfungsvorgänge fallen. Die Bibel leitet jede Schöpfungstat ein mit den Worten »Und Gott spricht«. In jeder der beiden Dreiheiten kommt dieses Sprechen Gottes also viermal.

Nun weiß man, daß die Bibel auch von 3 Erzvätern spricht, von Abraham (Gen. 12 ff), Isaak (Gen. 21 ff) und Jakob (Gen. 25 ff). Mit dem dritten, Jakob, endet die Geschichte der Erzväter. Sogleich fällt auf, daß auch Jakob »doppelt« ist, entsprechend dem Dritten im Zyklus des Schöpfungsberichts. Jakob ist Zwillingsbruder von Esau (Gen. 25, 22ff). Er hat auch 2 Namen: Jakob und Israel (Gen. 32, 28). Er hat auch 2 ebenbürtige Frauen, Rachel und Lea (Gen. 29); darüber hinaus gibt es noch die Zweiheit ihrer »Dienstmägde«, Bilha und Silpa (Gen. 30). Abraham und Isaak spielen als einzelne eine Rolle, Jakob aber wird im Widerstreit geboren (Gen. 25, 22). Der Gegensatz

zu diesem anderen bestimmt sein Leben und hat auch auf die fernere Geschichte entscheidenden Einfluß.

Die Parallelität zwischen den beiden Schöpfungszyklen und der Geschichte der Erzväter kann man noch in weiteren Einzelheiten verfolgen. Der 1. Tag in den Zyklen des Schöpfungsberichts wird durch die Erschaffung des Lichts und sodann der Lichter gekennzeichnet. Auch im Zusammenhang mit dem 1. Erzvater erzählt die Bibel viel von Lichtvorfällen. Eindrücklich ist der »rauchende Ofen« und die »feurige Fackel« in Gen. 15, wo von Gottes «Bund« mit Abraham »zwischen den Stücken« berichtet wird. Abraham bekommt Besuch von den 3 Engeln, sitzend am Eingang seines Zeltes, »als der Tag am heißesten war« (Gen. 18). Abraham wird Zeuge der Vernichtung von Sodom und Gomorrha durch Feuer (Gen. 19, 24–28). Mit Feuer soll Abraham seinen Sohn Isaak zum Opfer bringen (Gen. 22). In der mündlichen Überlieferung wird erzählt, wie Nimrod Abraham in einen brennenden Kalkofen werfen läßt.

Über den 2. Erzvater, Isaak, faßt sich die Bibel kürzer. Es entspinnt sich ein Streit zwischen Isaak und Abimelech über mehrere Brunnen (Gen. 26, 16–33). Unmittelbar nach Isaaks Geburt hatte schon Abraham eine Auseinandersetzung mit Abimelech über das Wasser (Gen. 21, 25 ff). Als Isaak seiner Frau Rebekka zum erstenmal begegnet, kommt er von einem Brunnen her (Gen. 24, 62 ff). Für den Gang der Geschichte scheint diese Mitteilung unwesentlich, und sie wirkt daher eher befremdend. Abgesehen von den Händeln mit Abimelech ist Isaak sonst auffallend passiv. Darauf wird noch einzugehen sein.

Jakob, der 3. Erzvater, zeichnet sich durch große Betriebsamkeit aus. Weder mit Feuer noch mit Wasser hat er viel zu tun, jedoch mit den Dingen des 3. und 6. Schöpfungstages, mit Pflanzen und Tieren, am meisten jedoch mit Menschen. Man denke an das »Linsengericht«, mit dem er von Esau das Erstgeburtsrecht erkauft (Gen. 25, 25–43), man denke an die geschälten Zweige, mit deren Hilfe er hofft, sich bei Laban die gefleckten Tiere anzueignen (Gen. 30, 25–43). Ich verweise auch auf das Ziegenböcklein, wodurch er den für Esau bestimmten Segen erhält (Gen. 27), auf die Tiere, die er bei Laban hütet und züchtet, auf die Tiere, die er dem Esau zum Geschenk fast aufdrängt (Gen. 32, 13–21 und 33, 8–11). Mit Menschen hat er große Auseinandersetzungen. Von ihm aus gehen die 12 Stämme, die von da an den biblischen Bericht der Kinder Israels füllen, er hat den Mann-Frau-Konflikt mit Rachel und Lea, und es widerfährt ihm demzufolge die Josephsgeschichte, die Geschichte vom geraubten und wiedergefundenen Sohn (Gen. 37–49).

Es besteht offensichtlich ein der Bibel eingewobenes Prinzip, daß in einem Zyklus die erste Stelle vom Licht – mit allem, was davon abgeleitet werden kann – beherrscht wird, daß an zweiter Stelle das Wasser steht, und daß das Dritte, welches zugleich den Zyklus vollendet, in einer Doppelheit erscheint und mit Pflanzen und Tieren wie auch mit der Formung von Menschen zu tun hat. Zu stark sind der Nachdruck und die Parallelität, als daß man an einen Zufall denken dürfte. Ich könnte noch andere Beispiele dafür geben.

Wir haben bereits gesehen, daß 3 Schöpfungstagen 4 Schöpfungstaten entsprechen. Die Schöpfungstaten machen die Dinge sichtbar, und indem sie sie hervorbringen, geben sie dem Prinzip Gestalt. Die 4 Erzmütter (Sarah, Rebekka, Rachel und Lea), den 3 Erzvätern angehörend, bringen die weiteren Geschlechter hervor, geben ihnen Form. Auch hier eine Dreiheit, welche durch eine Vierheit nach außen tritt. Diese hier aus dem Bibelbericht abgeleitete Systematik ist auch außerbiblisch als bekannt belegt.

Vom Altertum her wird der Sternenhimmel in 12 Tierkreiszeichen unterteilt. Auch die von daher überlieferte Literatur, die von der Bibel ausgeht oder von ihr handelt, bedient sich dieser Einteilung. Es kann hier nicht auf die Bedeutung und die Namen dieser Zeichen eingegangen werden. Ich will aber darauf hinweisen, daß das 3. Tierkreiszeichen den Namen Zwillinge trägt. Dieser Name entspricht somit der Doppelheit des 3. Schöpfungstages und der Zweiheit des 3. Erzvaters, Jakob, der ein Zwilling ist.

Auch ergeben sich in sehr vielen Sprachen die Namen der beiden ersten Wochentage aus dem Wissen von der Systematik, wie sie hier beschrieben wurde, denn der 1. Tag der Woche hat von alters her den Namen Sonntag, wie der zweite Montag heißt. Die erste Stelle kommt dem Licht, der Sonne, dem ersten Erzvater zu. Der zweite Tag hängt mit dem Wasser und dem Mond zusammen.

Der Beweis für die tiefe Verwurzelung dieses Wissens wird im weiteren Verlauf der Darstellung wiederholt erbracht werden.

Das Altertum kennt auch eine Rangordnung der Metalle. Das Gold entspricht dem Licht und dem 1. Tag der Woche. An der Stelle des 2. Wochentages und des Mondes steht das Silber.

Die Unterscheidung des Geschlechts hat in der Systematik ebenfalls ihren Platz. Von alters her nimmt der Mann die 1. Stelle ein, im Geleit vom Licht, von der Sonne und vom Gold, während die Frau es mit dem 2. Wochentag, dem Wasser, dem Mond und dem Silber zu tun hat. So ergibt es sich, daß der 3. Platz im Schema, wo vielerlei Leben, Leben auf allen Stufen, auch der Mensch selbst, erscheint, der Platz des Kindes war. Dem Kind kommt von Vater und Mutter her ein Doppelcharakter zu. Mann und Frau sind die Voraussetzung des Kindes.

Ich möchte hier erst gewisse Zusammenhänge der Thematik beleuchten, ohne jetzt schon des näheren darauf einzugehen. Es geht mir darum zu zeigen, daß manche Züge der Systematik, die aus dem ersten Kapitel des Bibelberichts hervorgeht, nicht nur in alten Zeiten bekannt waren, sondern auch im Leben eine Rolle spielten. Durch den Bericht der Bibel lebt diese Ordnung – für den Leser unbewußt – noch immer. Eben das spricht den Leser im tiefsten an. Wenn er auf verstandesmäßige Weise, wie er es von den Naturwissenschaften her gewohnt ist, dem Text zu Leibe rückt, zerstört er sich bald das keimende Verstehen. Es sollen daher nicht sogleich die Einzelheiten der Mitteilungen zur Sprache kommen, weil sich dabei mancherlei Fragen zur Unzeit einstellen könnten, die bei der schrittweisen Erörterung von selbst ihre Antworten finden.

Zum Beispiel könnte sich jetzt die Frage stellen, wo die Mann-

Frau-Systematik bei den Erzvätern zum Ausdruck kommt. Wir haben gefunden, daß der 1. Erzvater, Abraham, eine große Affinität zum Feuer hat, der 2. aber, Isaak, eine solche zum Wasser. Unzweifelhaft aber ist Isaak ein Mann – wie kann da die Mann-Frau-Systematik aufgehen?

Im Schema nun gehört Isaak zur Seite der Frau, während Abraham die männliche Seite verkörpert. In allem, was Abrahams Leben ausmacht, ist er es, der handelt und die Beschlüsse faßt. Abraham ist voller Tatkraft, während seine Frau Sarah im Hintergrund bleibt. In Isaaks Leben überwiegt dagegen das Passive. Isaak wird von Abraham auf Anweisung Gottes zur Opferstätte geführt, um geschlachtet zu werden. Isaak läßt es mit sich geschehen. Als für Isaak eine Frau gefunden werden soll, entsendet Abraham den Knecht, um in Charan für den Sohn eine Frau zu suchen (Gen. 24). Isaak nimmt nicht an der Reise teil, die Frau wird ihm zugeführt. Auf dem Weg zur Opferstätte stellt Isaak lediglich einige Fragen, und doch war er 37 Jahre alt. Rebekka wird in seinem 40. Jahr zu seiner Frau erwählt. Die Passivität könnte nicht deutlicher sein.

Man sollte meinen, daß Isaak mindestens dort, wo er entscheidend den weiteren Gang der biblischen Geschichte beeinflußt, selbst handelnd hervortritt; er ist es doch, der den Segen an seine Söhne austeilt. Es zeigt sich jedoch, daß seine Frau Rebekka die Führung übernimmt. Eigentlich bestimmt sie, daß Jakob den Segen erhält und nicht Esau. Auch ist es Rebekka, die veranlaßt, daß Jakob von Hause weggehen und zu Laban gehen soll (Gen. 27). Das einzige Mal, wo Isaak unabhängig handelt, geschieht dies in der Geschichte mit den Brunnen (Gen. 26, 18–33). Auch da fällt auf, daß es um Wasser geht. Die Tatsache, daß Isaak Blindheit nachgesagt wird und daß die Entscheidungen nicht von ihm kommen, charakterisiert Isaak als Empfangenden im Sinn des weiblichen Prinzips: Es geht von ihm kein sichtbarer Impuls aus. Der 2. Erzvater zeigt sich in der passiven Rolle, welche in gewissem Sinn die Frau gegenüber dem Mann, aber auch das Wasser gegenüber dem Feuer und den Mond gegenüber der Sonne kennzeichnet.

Es sei hier auch erwähnt, daß der Unterschied zwischen Männlichem und Weiblichem, aktiv und passiv, in der rechten und der linken Seite des Menschen selbst zum Ausdruck kommt. Auch im physischen Leben überwiegt die rechte Seite, die rechte Hand, als die aktive gegenüber der linken Seite. Man denke an das Wort linkisch.

In allem, was hier zur Veranschaulichung angeführt ist, sehe man jedoch nicht mehr, als damit gemeint ist. Diese Erörterungen sollen nur andeuten, daß die im Schöpfungsbericht nachgewiesene Systematik nicht eine eigenmächtige, von uns ersonnene Theorie ist, sondern daß sie einem weitverbreiteten Grundwissen entspricht. Diese Züge müssen daher von beträchtlicher Tragweite sein. Es lohnt sich, die erörterten Charakterisierungen übersichtlich zusammenzustellen:

2. Tag	*3. Tag*	*1. Tag*
links		rechts
weiblich		männlich
Mond		Sonne
Wasser	Mitte	Feuer
Isaak	Kind	Abraham
Montag	Doppelcharakter	Sonntag
Silber	Zwillinge (Gemini)	Gold
passiv	Jakob-Esau	aktiv
empfangend	Jakob-Israel	gebend
linke Hand	Rachel-Lea	rechte Hand

Es ist hervorzuheben, daß wir einem prinzipiellen Zusammenhang der Zahlen 3 und 4 auf die Spur gekommen sind. Beide gemeinsam bringen ein und denselben Zyklus zur Vollendung: Die 4 Schöpfungstaten erfüllen die 3 Schöpfungstage. Der grundlegende Zyklus der ersten 3 Schöpfungstage wiederholt sich im Geschehen des 4., 5., und 6. Tages. Eine unauflösbare Einheit bilden gleicherweise die 4 Erzmütter mit den 3 Erzvätern. Die 3 Erzväter lassen die Zahl 3 als männliche Zahl erscheinen, die 4 Erzmütter die Zahl 4 als die weibliche. Tatsächlich entspricht die Gleichsetzung der 3 mit männlich und der 4 mit weiblich einem im Altertum bestehenden Wissen. Danach gilt sodann für das Kind die Zahl 5. Das Sehen eines Zusammenhangs zwischen den Zahlen 3 – 4 – 5 und den Realitäten Mann – Frau – Kind ist nicht willkürlich. Die Beziehung Mann – Frau kam bereits zur Sprache dort, wo die 3 Schöpfungstage den 4 Schöpfungstaten die angemessene Begrenzung gaben, die Möglichkeit, konkret zu werden. So gibt auch der Mann der Frau die Möglichkeit, sich zu verwirklichen. Aus den 4 Erzmüttern kommt durch die 3 Erzväter das ganze Folgegeschehen hervor, die ganze Verstofflichung.

Diesen Zusammenhang kann man sich auch auf eine mehr mathematische Weise vor Augen führen. Dabei öffnet sich der Blick für die Art und Weise, wie die Zahlen in der Welt der Bibel gesehen werden.

3. Die Zahlen in der Welt der Bibel

Die Zahl 1 wird primär nicht als Ordnungszahl gesehen, etwa als exemplarischer Teil einer Vielzahl. Die 1 bezeichnet grundsätzlich die Einheit. Diese Einheit umfaßt buchstäblich alles. Alles begreift sich durch diese 1. Außer der 1 besteht nichts Weiteres. In der Welt der 1 ist der Begriff 2, wie wir ihn kennen, wenn wir 2 beliebige, gesonderte Dinge aufeinander beziehen, ausgeschlossen. Sobald es eine 2 gibt, heißt das, daß die 1 sich geteilt hat. Es ist eine neue, andere Welt entstanden. Es gibt nun Vielheit gegenüber der geschlossenen, alles umfassenden Einheit, die zuvor bestand.

Der Übergang von der 1 zur 2 bedeutet das Entstehen einer ganz neuen Situation. Das Prinzip der Einheit ist dadurch, daß Zweiheit mit der Tendenz zur Vielheit entsteht, nicht unwirklich geworden. Die ungeteilte 1 steht vielmehr als Zustand dem Zustand der Geteiltheit gegenüber, wobei sich das Geteilte, die Welt der 2, der eigenen Existenz nur so lange gewiß ist, als die Teilung, und damit der Gegensatz auf der Ebene der Zweiheit, dauert. Die Einheit hört deshalb nicht auf, Ursprung der Zweiheit und Faszination zu sein. Die 3 Positionen, die zueinander im Spannungsverhältnis stehen, kann man sich schematisch so vorstellen:

1 das Ganze	
der eine Teil	der andere Teil
der 2	der 2

Das Entstehen der 2 hat aber noch eine weitere Konsequenz. Die 2 kann von der 1 als Ursprung und Wirklichkeit absehen und sich mit sich selbst in Beziehung setzen. Es zeigen sich die 2 × 2, die 4 Möglichkeiten. Die Vierteilung stellt sich als ein großes Quadrat dar, das sich als das Ganze begreift, weil es in den 4 Teilen seine Symmetrie, ein Gleichgewicht findet.

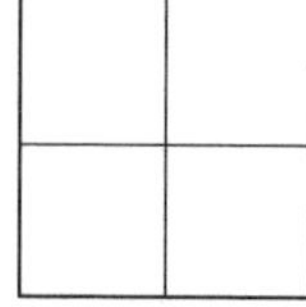

Da die 1 bislang nur in 2 Teile geteilt ist, ist die 2 die äußerste Möglichkeit, um mit der 2 – also mit sich selbst – in Bezug gebracht zu werden. Vervielfältigung mit der 2 bedeutet in der Welt, wo die 2 die äußerste Möglichkeit ist, das größtmögliche Ausgreifen. Quadratierung ist von da aus stets Vervielfältigung mit der größtmöglichen Zahl, wenn die Zahl, die ins Quadrat erhoben werden soll, bereits die äußerste Möglichkeit der Teilung darstellt. Im Zustand, in dem die Teilung in 2 das ganze Ergebnis der Entwicklung darstellt, ist die Zahl 4 die weiteste Möglichkeit, die sich durch die Zweiteilung ergibt. In der 4 hat die 2 sich selbst erfüllt, indem sie sich mit sich selbst in Bezug gebracht hat.

Ich möchte hier bereits auf die Auswirkung dieser Überlegungen für unser Verständnis des Bibelberichts hinweisen, soweit wir ihm bisher gefolgt sind. Der Schöpfungsbericht beginnt mit einer Zweiheit. Von da an ist die 2 wie eine Art Muster in die Entwicklung der 6 Schöpfungstage eingewoben. Diese 2 entfaltet sich nun einerseits in der 3 der Schöpfungstage und andererseits in der 4 der Schöpfungstaten. So erweist die Systematik des Schöpfungsberichts, daß die

Herausbildung einer Zweiheit die 3 und die 4 zur Folge hat. Mit dem Kommen der 4 aber ist die Entwicklung durchlaufen. Was danach kommt, ist in einem gewissen Sinn Wiederholung in einer anderen Konstellation, auf einer anderen Ebene. In einer Welt des Dualismus, die von den Gegensätzen lebt, ist der Begriff 4 die äußerste wirkliche Möglichkeit. Darum schließt der Zyklus mit der 4. Schöpfungstat (Gen. 1, 11–13).

Das ist es, was man zuweilen das geheime Wissen von der 4 nennt. Es wird erzählt, daß man in der Schule des Pythagoras einen Schüler bei der Einweihung zählen hieß: eins, zwei, drei, vier. Wenn er die Zahl 4 ausgesprochen hatte, unterbrach man ihn und sagte: Nun hast du unseren Eid ausgesprochen! Weiter braucht man nicht zu zählen. Wer die Thematik der 1–2–3–4 weiß, kann die Tür zum Geheimnis öffnen.

In der Tat offenbart sich die 4 hier in einem ganz anderen Licht als in unserem Zählen und Rechnen, das der Nützlichkeit ausgeliefert ist. Die 4 ist die höchste Zahl in der Systematik, die wir zugleich im Schöpfungsbericht und in der Geschichte der Erzväter und Erzmütter gefunden haben.

Vergegenwärtigt man sich das, erscheinen auch die 4 Elemente, die das Altertum kannte, in besserem Verständnis. Es wurde von einem ganz anderen Weltbild ausgegangen, das sich nicht an den 92 oder mehr Elementen messen muß, welche die Chemie von heute in den Mittelpunkt stellt. Man sollte sich abgewöhnen, das Wort »primitiv« zu gebrauchen, wenn man die Gesichtspunkte im Zusammenhang mit den Elementen vergleicht.

Wir werden der Zahl 4 immer wieder als Ausdruck der weitesten Entwicklung begegnen. Sie ist stets das Ende des Zyklus, der entsteht, wenn eine Zweiheit, ein Dualismus ist. Mit der 4 hört auch der bestimmende Zyklus der 3 Phasen auf. Im Schema des Schöpfungsberichts ergibt sich folgende Ordnung:

links	Mitte	rechts
2		1
	3	
	4	

Mit dieser 3 der 3 Phasen und der 4 als dazugehörender weitester Entwicklungsmöglichkeit ist das Weitere bestimmt. Das ließ sich bereits aus der Systematik des Schöpfungsberichts ablesen. Bei der weiteren Erörterung der Zahlen ergibt sich noch auf andere Weise eine Bestätigung der Tatsache, daß die 4 als äußerste Entwicklung betrachtet werden muß.

Wir haben gesehen, daß das Entstehen der 2 die Anwesenheit von 3 Zuständen schafft. Es liegt darum in der Konsequenz des Kommens der 3, als »Zeit«-Moment auf dem Weg der Erfüllung der 2 mit sich selbst, daß es zu 6 solchen Phasen kommt. Es besteht dann die wirkliche 3, die konkret erscheinende Anordnung der Dinge, doch diese 3 setzt die dabei vorausgehende 2 voraus und dazu noch die ursprüngliche 1.

	1 ungeteilt		
1 + 2 im Hintergrund	der eine Teil der 2	der andere Teil der 2	
die erscheinenden 3	der erste der 3	der zweite der 3	der dritte der 3

Sobald also die 3 Schöpfungstage erscheinen, haben sie bereits potentiell die 3 folgenden Schöpfungstage in sich, welche die 6 voll machen.

Dasselbe muß jetzt auch für den Zielpunkt der Entwicklung der 2 gelten, für die 4. Dabei ist die 4 der äußerliche Wert, das, was konkret erscheint. Im Hintergrund davon befindet sich als Zwischenphase die soeben besprochene 3, der wiederum die 2 voranging, mit der die Teilung begann; am verborgensten bleibt die ungeteilte 1, der Ursprung, in dem alles Weitere sein Wesen hat. Die 4 geht also einher mit dem Bestehen von 4 + 3 + 2 + 1 = 10 Zuständen. Somit liegt auf der Hand, daß die 4 in der Tat die Grundlage eines Systems ist, das durch den gesamten Aufbau der Welt und unseres Denkens geht. Auch der Begriff der 4 Elemente findet damit seinen Rahmen.

In den 6 Schöpfungstagen als Projektion des grundlegenden Zyklus von 3 Schöpfungstagen haben wir den Ausdruck der 6 gefunden. Wo aber befindet sich im Schöpfungsgeschehen die 10, die als äußerste Entwicklungsmöglichkeit eines Zweiheitszustands aus dem Bestehen der 4 hervorgeht? Wenn die 4 einen Zyklus vollendet, dann muß auch die 10 einen Abschluß bedeuten. Diese Rolle kommt der 10 in unserem Zahlensystem auch zu.

Im Schöpfungsbericht wird jede Schöpfungstat eingeleitet: »Und Gott spricht.« Der Bericht legt damit großen Nachdruck darauf, daß das Wort die Dinge entstehen läßt, jedes Sprechen Gottes kristallisiert in einem entsprechenden Geschehnis. Tatsächlich wiederholt sich im ersten Kapitel der Genesis zehnmal das Sprechen Gottes. Wir begegnen schon den 2 × 4 Schöpfungsworten in den 2 × 3 Tagen. Das 8. Schöpfungswort ruft den Menschen (Gen. 1, 26). Das 9. Schöpfungswort ist die Aufforderung Gottes, daß der Mensch fruchtbar sei und zahlreich werde (Gen. 1, 28), und das 10. Sprechen Gottes – auch an den Menschen gerichtet – verweist ihn auf alles samentragende Gewächs und alle Bäume mit samentragender Frucht, daß sie ihm zur Speise seien (Gen. 1, 29). Diese beiden letzten Anweisungen an den Menschen werden durch die Ausdrucksweise im Schöpfungsbericht in eine Reihe gerückt mit allen Erschaffungen, von der des Lichts bis zu der des Menschen. Sie gehören unabdingbar zum geschlossenen Ganzen der 10 Schöpfungstaten. Zehnmal wird durch Gottes Sprechen eine Schöpfung ins Dasein gerufen. Das 10. Sprechen beschließt den eigentlichen Schöpfungsbericht, wie es auch ausdrücklich vor der Einführung des 7. Tages mitgeteilt wird.

In den 6 Tagen ereignen sich 10 Schöpfungstaten, und sie haben ihre Grundlage in den 4 Schöpfungstaten im Kern, in den 3 ersten Tagen. Ausgerüstet mit diesem Wissen um die Aussagekraft der Zahlen, wie sie die Bibel handhabt, will ich auf die Erörterung der Zahlen

3, 4 und 5 zurückkommen.

4. Die Zahlen 3, 4 und 5

Die Zahl, mit der der Begriff Mann ausgedrückt wird, die 3, findet ihre Vollendung in der Zahl 9. Damit ist die 3 ins Quadrat gebracht, in Beziehung gesetzt mit dem Höchsten, was in einer Welt der 3 möglich ist. Die Zahl 4, die Zahl der Frau, führt in der letzten Konsequenz der Entwicklung zur 16, dem Quadrat von 4. Mann und Frau zusammen, wenn sie zur Einheit gemacht werden, in der Verfassung, wo sie das Höchste, das Äußerste erreichen, das sie irgend erreichen können, fügen sich als 9 + 16 zur 25. Und 25 ist das Quadrat der 5, die Erfüllung der 5. Das ist also die ersehnte Frucht, das Kind. Es ist die Frucht von Mann und Frau, wenn beide zur Einheit geworden sind, beide in der Erfüllung ihrer selbst. So wird das Neue geboren.

Die Erfüllung findet nicht in der einfachen Addition statt. 3 + 4 sind ungleich 5. Es ist aber wohl so, daß die Rechnung aufgeht, wenn beide, Mann und Frau, sich in der Fülle ihres Bestehens einen. Als entgegengesetzte Begriffe stehen sie einander gegenüber, um als Erfüllung ihrer selbst das Kind zu machen. Das Kind in seiner Erfüllung kann nur sein, wenn es als Voraussetzung die Erfüllung von Mann und Frau hat.

Wem etwas mehr von der Weltkenntnis im Altertum bekannt ist, der kann ermessen, daß das, was wir jetzt noch als den Satz des Pythagoras kennen, im Wesen Ausdruck eines allgemeinen Lebensgesetzes ist, das in geometrischer Form anschaulich zeigt, wie aus dem Mann-Prinzip und dem Frau-Prinzip, als These und Antithese durch einen rechten Winkel in ein Verhältnis gebracht, das Kind-Prinzip als Synthese hervorgeht, indem es seinerseits die »Eltern« als Hypothenuse verbindet.

Die 3, 4 und 5 sind, abgesehen natürlich von ihren Erweiterungen, die einzigen ganzen Zahlen, welche diesen Satz ausdrücken können. Ihre Bedeutung wird sich in der weiteren Besprechung noch deutlicher zeigen. Der Satz des Pythagoras sei hier mit seiner Deutung abgebildet:

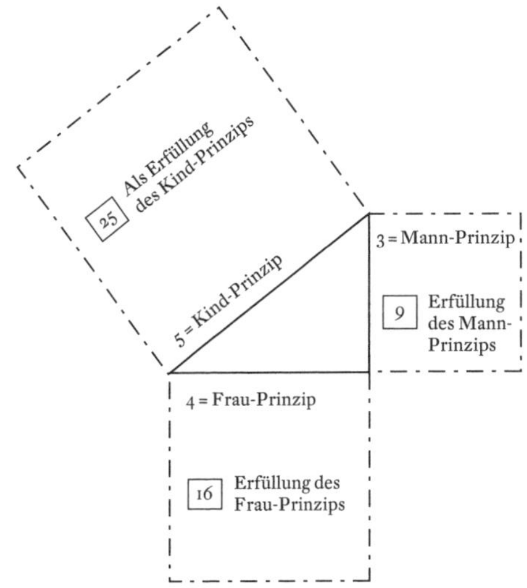

5. Unterschiede zwischen den Schöpfungsberichten des 1. und des 2. Kapitels der Genesis

Wir haben nun eine allererste und summarische Annäherung an den Schöpfungsbericht gewagt. Es haben sich dabei einige allgemeine Prinzipien herausgeschält, welche offensichtlich auch auf anderen Gebieten gelten. Wir können uns jedenfalls Rechenschaft geben, daß der Schöpfungsbericht mehr enthält, als man vermutet, wenn man ihn nur so liest und versucht, die durch die Worte vor Augen geführten Bilder zu ordnen, um dann entweder zu glauben oder nicht zu glauben, daß es sich tatsächlich so abgespielt hat. Ich habe bis jetzt absichtlich vermieden, auf die Bedeutung der Worte und Bilder einzugehen. Dafür habe ich ebenso absichtlich eine fast mechanische Systematik herausgestellt. Um diesem Gerippe Leben einzublasen, müssen wir mit unseren Betrachtungen tiefer schürfen.

Beim Versuch, über unsere ersten Schritte hinaus etwas mehr Tiefe zu gewinnen, werden wir uns zugleich einer anderen Seite des Schöpfungsberichts zuwenden.

Jedem Leser der Schöpfungsgeschichte wird es aufgefallen sein, daß wir es mit zwei Berichten zu tun haben. Der Bericht des ersten Kapitels der Genesis unterscheidet sich von dem des zweiten Kapitels; beide Berichte widersprechen sich sogar auf allerlei Weisen. Der wohlmeinende Leser wünschte sich, daß das alles doch etwas begreiflicher erzählt sein möchte, und seufzt vielleicht darüber, daß so wenig Übereinstimmung zwischen diesen beiden Berichten besteht. Der weniger wohlmeinende Leser wird in diesen beiden voneinander abweichenden Schöpfungsberichten Gründe dafür suchen, daß zwei oder mehr Verfasser mit widerstreitenden Auffassungen am Werk gewesen seien. Niemand kann sich dem bestehenden Widerspruch entwinden. Manche wohlwollenden Kommentatoren haben versucht, durch allerlei Interpretationen den zweiten Schöpfungsbericht dem ersten anzupassen, ohne daß es ihnen gelungen wäre, das Gefühl der Verwirrung wegzunehmen.

Im zweiten Bericht erscheint der Mensch ganz am Anfang, werden dann erst die Tiere zu ihm gebracht und kommen sogar die Bäume nach dem Menschen. Befremdlich für den Leser ist auch, daß im ersten Schöpfungsbericht von Gott gesprochen wird, während in diesem zweiten ohne Ausnahme von »Gott dem Herrn« die Rede ist. Wir gehen aber vorläufig nicht auf den Inhalt der Worte ein, sondern beschränken uns auf das Finden einer möglichen Systematik.

Im Schöpfungsbericht, der mit Gen. 2, 4 beginnt, erkennen wir eine andere Entwicklung als im vorhergehenden Kapitel. Wir wollen versuchen, diese in großen Zügen in den Blick zu bekommen. Nach der Feststellung, daß eigentlich noch nichts da war, weil es noch nicht geregnet hatte, wird von einer ersten Regung gesprochen, vom Dampf (andere Übersetzer nennen es »Wasserschwall«, »Dunst«, »Quell»), der von der Erde aufsteigt. Darauf wird von der Formung des Menschen gesprochen. Das dritte Ereignis ist das Pflanzen eines Gartens in Eden, in den der Mensch gesetzt wird. Als viertes folgt die Mitteilung, daß Gott der Herr allerlei Bäume aus der Erde kommen läßt, darunter den Baum des Lebens in der Mitte des Gartens und den Baum der Erkenntnis von Gut und Böse. Die fünfte Mitteilung handelt vom Fluß, der in Eden entspringt und sich in 4 Ströme gabelt. Als sechstes wird wieder vom Menschen gesprochen, daß er den Garten bearbeite und bewahre. An siebter Stelle ergeht das Gebot an den Menschen, von allen Bäumen im Garten essen zu dürfen, nicht aber zu nehmen vom Baum der Erkenntnis des Guten und Bösen. Das achte Geschehen beginnt mit der Feststellung, daß der Mensch allein ist und daß es für ihn nicht gut ist, allein zu sein. Daher bringt Gott die Tiere, die er bildet, zum Menschen. Das führt nicht zu dem beabsichtigten Ziel, worauf als neuntes ein tiefer Schlaf über den Menschen kommt und die Rippe aus ihm genommen wird. Das zehnte ist ein Abschluß: Gott der Herr macht aus der Rippe die Frau und bringt sie zum Menschen.

Diese 10 Geschehnisse werden nicht wie im ersten Schöpfungsbericht durch die Worte »Und Gott spricht« voneinander unterschieden; sie werden allerdings in einer strikten Reihenfolge mitgeteilt. Wir können diese 10 Geschehnisse wieder in derselben Weise in ein Schema bringen:

2. Mensch		1. Dampf
	3. Garten in Eden	
	4. die Bäume, in der Mitte die 2 besonderen	
6. Mensch im Garten, um ihn zu bearbeiten und zu bewahren		5. Fluß, der sich in 4 teilt
	7. Gebot von Essen und Nichtessen	
	8. nicht gut, daß Mensch allein ist Tiere kommen zu ihm	
	9. der Tiefschlaf und das Entnehmen der Rippe	
	10. die Frau wird gebildet und zum Menschen gebracht	

Das Schema ist deutlich in seinen 10 Teilen; doch so, wie wir es sehen, hat es nichts mit dem Schema auf S. 50 gemein, das die 10
66 Schöpfungsworte lieferten. Es zeigen sich aber auch hier bestimmte Übereinstimmungen. An den Plätzen 1 und 5 der rechten Seite des Schemas stehen »Dampf zur Befeuchtung der Erde« und »der Fluß, der den Garten bewässert«. Der Zusammenhang ist: belebendes Wasser. Links steht beide Male der Mensch. Zuerst wird der Mensch gebildet, und danach wird er in den Garten gesetzt, um in ihm tätig zu sein und ihn zu hüten. Wie im ersten Schöpfungsbericht ist das Spätere im Schema die Ausgestaltung mit einer Zweckbestimmung dessen, was früher und auf einer höheren Ebene schon gekommen ist.

Auch im mittleren Teil des Schemas ist der Zusammenhang deutlich. An erster Stelle wird der Garten in Eden gemacht, und es erscheint in ihm eine Alternative. Dann wird der Mensch dort vor diese Alternative gestellt, indem ihm Regeln des Essens gegeben werden. Erst kommt der Mensch als Vereinzelter in den Blickpunkt, darauf wird die Frau gebildet.

Für sich selbst genommen, hilft dieses Schema einen Sinn zu erschließen. Doch fehlt noch ein Zusammenhang mit der Systematik des ersten Schöpfungsberichts. Dort wurde ja die Licht- oder Feuer-Seite mit rechts identifiziert, das Wasser mit links. Hier steht das Wasser rechts, während die linke Seite dem Menschen zugewiesen ist. Die Voraussetzung für das Kommen des Menschen ist die Befeuchtung, die einmal vom Dampf und dann vom Fluß ausgeht. Links und rechts sind durch das Wasser in seiner befeuchtenden Eigenschaft verbunden. Dagegen fällt auf, daß in keiner Weise von Licht oder Feuer die Rede ist. Es ist eine reine Wasser-Geschichte.

Etwas mehr Analogie mit dem ersten Schema (Seite 50) kann aus den Geschehnissen in der Mittelkolonne herausgelesen werden. Hier wie dort sind es Pflanzen und Bäume, dann Tiere. Auch der Mensch in seiner Zweiteilung in Mann und Frau hat an letzter Stelle seinen Platz in der Mittelkolonne. Der Mensch allein, noch ungeteilt, erscheint im zweiten Schöpfungsbericht aber am Anfang.

Eine ganz andere Verbindung mit dem ersten Schöpfungsbericht ergibt sich daraus, daß dieser an erster Stelle das Licht, das Wasser aber an zweiter Stelle nennt. Dieses Prinzip, das dem Licht den ersten, dem Wasser aber den zweiten Platz zuweist, haben wir an einigen Beispielen nachgewiesen. Gemäß dieser Ordnung muß der zweite Schöpfungsbericht durch den Charakter des Begriffs 2 gekennzeichnet sein, und dieser Charakter ist der des Wassers. Das Wasser herrscht tatsächlich darin vor. Beim Weiterlesen im 3. Kapitel der Genesis stellt sich heraus, daß es auch der Bericht der Frau ist. Mit Nachdruck wird erzählt, daß nichts geschehen kann, bevor der Mensch die Frau hat; wenn sie aber einmal da ist, übernimmt sie die Initiative. Die Frau spricht mit der Schlange, die Frau ißt und gibt dem Mann zu essen. Der Mann zeigt sich in derselben Weise passiv wie Isaak, der 2. Erzvater.

Wie der 1. Schöpfungsbericht mit Licht beginnt, so muß der 2. mit Wasser anfangen; demgemäß steht der 2. Schöpfungsbericht in der Systematik links und der 1. rechts. Die Wasser-Thematik des 2. paßt genau in das Schema der Reihenfolge und ihrer Bedeutung. Obwohl zwischen der Systematik des 1. und des 2. Schöpfungsberichts noch kein nennenswerter Zusammenhang aufgezeigt werden kann, zeichnet sich jeder der beiden Berichte durch eine sehr deutliche Anordnung aus. Es ist, als wollte diese Anordnung uns zwingen, nach einem noch verborgenen Zusammenhang Ausschau zu halten. Wenn die Schöpfungsgeschichte schon auf so eindrückliche Weise dargeboten wird – man kann nicht behaupten, daß es sehr viel Scharfsinn braucht, um der bislang nachgewiesenen Systematik auf die Spur zu kommen –, dann liegt darin doch eine Aufforderung, weiter in dieser Richtung zu schauen und nicht an der Oberfläche zu bleiben, wo man sich nur in allerlei vagen Spekulationen verliert. Kennt man nämlich die Grundlagen einer Sache nicht, ist die Verführung um so stärker, sich in abwegige Betrachtungen einzulassen und den Text in der Richtung zu interpretieren, die man für seine Zwecke am geeignetsten hält.

Es wird sich also lohnen, der gefundenen Systematik weiter nachzuspüren, zumal offenkundig ist, daß jeder Teil, den man näher betrachtet, eine stark sprechende Gesetzmäßigkeit enthält. Der Vergleich mit dem Regelmaß und der Systematik, die man im Leben und

in der ganzen Schöpfung feststellen kann, drängt sich auf. Wenn schon eine kurze Bestandsaufnahme einer solch deutlichen Systematik der Bibel auf die Spur kommt, stellt sich die Frage, ob nicht auch die Bibel, wie die Schöpfung, die Natur, eine weitgehende Gesetzmäßigkeit in sich birgt. Die Bibel könnte die Schöpfung selbst sein, nur in anderer Form, in einer anderen Beschaffenheit: die Schöpfung im Wort.

6. Von der Systematik zum Sinn

Bis jetzt haben wir nur gezeigt, daß eine bestimmte Systematik besteht. Wenig oder nichts haben wir über den Sinn davon aussagen können. An den beiden Schemata, die wir über die zwei Schöpfungsberichte aufstellen konnten, sehen wir, daß sie von verschiedenen Punkten her ausgehen. Damit einher geht auch die Nennung von »Gott« im 1. Schöpfungsbericht, während »Gott der Herr« dem 2. Schöpfungsbericht den Stempel aufdrückt.

Man kann sich fragen, ob die Bibel auf uns gekommen ist, um uns mit einer mehr oder minder eindrücklichen Systematik zu verblüffen. Damit käme sie einem Bedürfnis mancher Menschen entgegen, die über Gesetzmäßigkeiten und Denksysteme mehr in Erfahrung bringen wollen, die einen Genuß darin finden, immer weitere Systeme zu entdecken. Mit ihrer Systematik könnte die Bibel auch Menschen beeindrucken, die – darin etwas weiter gehend – ein Mittel sähen, das Denken des Altertums über das Wie und Warum der Welt aufzudecken. Noch weiter gingen die, welche die Systematik der Bibel mit der in der Natur vergleichen möchten, in der Meinung, damit einen Schlüssel zur weiteren Entschleierung der Geheimnisse der Natur gefunden zu haben. Endlich könnte die Bibel dann auch Menschen begeistern, die die Menschheit zu einem umweltfreundlichen Verhalten bringen wollen.

Derartige Motive sind jedoch größtenteils utilitaristisch, nützlich für das Wohlbefinden in der Welt. Die meisten Menschen tragen

Verlangen nach solchen Dingen. Sie möchten alles auf das Leben hier beziehen und legen an alles den Maßstab, ob es als Mittel geeignet ist, diesem Leben Impulse des Genusses und der Befriedigung zu geben. Anderes, außerhalb dieser Sphäre, will man so wenig wie möglich zulassen, weil es den Traum dieses Lebens stören könnte.

Könnte die Bibel aber nicht eine ganz andere Qualität haben? Sie könnte vor allem eine Mitteilung großer Zuverlässigkeit an den Menschen sein, erzählend, wie dieses Leben besteht, hier auf dieser Welt, aber auch früher und später, in allen Zeiten und allen Dimensionen, wie und warum diese Welt da ist und so ist. Sie könnte erzählen, wie und warum der Mensch durch diese Erfahrungen von Hohem und Tiefem geht, und was er selbst tun kann und soll. Das wäre eine sehr totale Zielsetzung. Ich spreche das hier aus, weil ein Mensch, den man auffordern würde, eine vollkommen ehrliche Antwort darauf zu geben, was er eigentlich von einem Buch verlangen würde, das als »Heilige Schrift« unmittelbar von Gott kommt, weil dieser Mensch doch gewiß etwas in diesem Sinne sagen würde. Er wünschte sich doch, daß ihm ein Weg gezeigt würde. Und daß ihm am Ende alles, auch was jetzt schreckt und mutlos macht, offenbar und vertraut wird, vom Anfang bis zum Ende. Einen Weg sucht er doch, dem er sich ganz anvertrauen kann, ohne Vorbehalte.

Das Leben, das sich im tiefsten ganz auf Vertrauen und nicht auf die Berechnung der nächsten Schritte – die sich auf jeden Fall in Ungewißheit verlieren – ausrichtet, ist erst wahrhaftes Leben. Es umfaßt schon alles. Wer es wagt, diese Voraussetzung vorerst auch nur in Gedanken anzunehmen, wird wohl zaghaft und zuversichtlich zugleich lächeln, weil er spürt, daß dieses Verlangen hoch greift. Ohne Übertreibung läßt sich sagen, daß die Bibel durch ihre grundlegende Systematik – wenn diese ungeahnt weiten und riefen Aufschluß gibt – eine Mitteilung an den Menschen ist, die ihm eine stille Meisterschaft des Lebens öffnet und ihm zeigt, in welcher Weise er als Mensch der Welt gegenübertreten kann.

Es geht nun darum, dem verstandesmäßigen Charakter der Erkenntnisse, die wir erarbeitet haben, Leben einzuhauchen. Könnten nicht Begriffe, die man bisher allgemein in eher abwertendem Sinn dem Gefühlsleben zuordnete, mehr Bestimmtheit und Kraft bekommen, wenn sie in einer innigen Verbindung mit einer erstaunlichen, die Welt tief bis in ihr Wesen wiedergebenden Systematik gelebt und geübt werden? Gewinnen nicht eine Tat, ein gutes Wort, eine Hilfe auch erst wirklichen Wert, wenn die Person, von der dieses Gute ausgeht, anwesend ist und man ihre Stimme hört und ihr Lächeln erwidern kann? Um zu dieser tief ersitzenden Systematik hinzufinden, sind einige Vorbereitungen nötig. Als erstes gehen wir nun dazu über, uns mit dem Wort bekannt zu machen. Diese Mitteilung mag vielleicht erstaunen, doch ist sie buchstäblich aufzufassen.

7. Das Wort als quantitativer Begriff

Das Wort ist für uns – in philosophische Spekulationen will ich mich hier nicht einlassen – zu einem nützlichen Instrument geworden, das uns hilft, uns mit anderen Menschen zu verständigen. Fremde Sprachen lernt man, um mit Menschen anderer Länder sprechen zu können und weil man hofft, die eigene Weltkenntnis ausweiten zu können. Es bestehen allerlei Theorien, die glaubhaft zu machen versuchen, wie Sprachen entstanden sind, wie sie sich entwickelt haben und wie sie möglicherweise degeneriert sind. Es gibt darunter auch Darstellungen, die aus der allgemeinen Evolutionslehre abgeleitet sind und schildern, wie der Mensch einstmals geeignete Laute ausstieß, um vor Gefahren zu warnen, und andere, um irgendein Verlangen kundzugeben. Diese Laute hätten sich im Lauf von Jahrtausenden durch Invention und Konvention zu Begriffen entwickelt. Der Mensch sei auf diese Weise zum Lautgebrauch gekommen, den wir schließlich als Sprache bezeichnen. Ich werde mich zu diesen Theorien nicht äußern. Sie kommen aus einer ganz anderen Welt als der, die ich hier beschreiben will.

Ich werde hier das Wort so besprechen, wie es durch die Bibel zu uns kommt, und ich werde dieselbe Arbeitsweise anwenden wie bei den übrigen Erörterungen. Das Wort soll selbst sprechen, ohne daß irgendwelche Theorien beteiligt werden.

Das Wort in der Bibel – und ich rede hier ausschließlich vom Alten Testament – ist hebräisch. Solange uns die Bibel historisch bekannt ist, wurde der ursprüngliche Text in jeder Hinsicht unversehrt überliefert, so unversehrt, daß man auch weggelassene Buchstaben stets konsequent wegließ und überzählige Buchstaben konsequent immer aufs neue abschrieb. Die Frage ist naheliegend, ob es wirklich so sehr auf den ursprünglichen Text ankommt, wenn wir genaue, wissenschaftlich verantwortete Übersetzungen haben. Was die Bibel mitzuteilen hat, kann ja wohl übersetzt werden, und die Übersetzungen selbst besitzen manchmal eine besonders suggestive Kraft. Ich will hier nicht den Nutzen guter Übersetzungen in Frage stellen. Für eine eingehende Erforschung ist aber der ursprüngliche Text unentbehrlich.

Was ein Wort im biblischen Hebräisch ist, will ich an einem Beispiel aus einem anderen Gebiet deutlich machen. Man wird dann verstehen, warum es nicht angeht, auch nur die geringste Änderung vorzunehmen, weil dabei das Wesentliche verlorenginge. Wenn wir z. B. über Wasser sprechen, dann genügt dieser Begriff für den Umgang mit anderen durchaus. Ein Mißverständnis kann nicht aufkommen. Bei Wasser handelt es sich um eine Flüssigkeit. Es wird schon etwas schwieriger, wenn man zwischen den drei Aggregatzuständen von Wasser unterscheiden muß: Wasser als Eis, Wasser als Flüssigkeit und Wasser als Dampf. Welche Definition von Wasser müßte aber ein winzig kleines Lebewesen geben?, ein Beispiel, das Maeterlinck in einem seiner Bücher bespricht. Man stelle sich dieses Wesen vor, wie es auf einem Blatt einem Tautropfen in die Quere kommt. Es müßte das Wasser als einen kugelförmigen, festen, undurchdringbaren Stoff beschreiben, welcher bei zunehmender Wärme sich vom Boden ablöst und aufsteigt. Der untersuchende Menschengeist – und eventuell auch das winzige Wesen auf dem Blatt, wenn es mit gleichem Verstand und gleichen Mitteln ausgerüstet wäre – würde schließlich finden, daß dieses Wasser, gleichgültig ob es sich als Eis, als Flüssigkeit oder als Gas zu erkennen gibt, ob es nun undurchdringbar oder leicht verdrängbar scheint, jedenfalls stets denselben Auf-

bau hat; daß es nämlich aus 2 Atomen Wasserstoff und 1 Atom Sauerstoff zusammengesetzt ist. Von da aus würden wir das Wasser als
72 H_2O definieren und denken, daß nun kein Mißverständnis mehr möglich sei. Das kleine Wesen neben dem immensen Tautropfen und der Gymnasiast, der Wasserdampf sieht, würden sich beim Begriff H_2O über die Substanz selbst einig sein. Sie hätten gleichsam den gemeinsamen Nenner gefunden. Dabei setze ich zugunsten der Anwendbarkeit des Beispiels voraus, daß mit H_2O die exakteste Formel für Wasser gefunden ist.

Diese Formel ist nicht nur qualitativ, indem sie das Vorhandensein von Wasserstorf und Sauerstoff kundgibt, sie ist auch quantitativ, indem sie ein Verhältnis von 2 und 1 anzeigt. Wenn man mit der Analyse von Wasser fortfährt, wird man schließlich zu einer ausschließlich quantitativen Formel gelangen können, wobei Wasserstoff und Sauerstoff auf einen gemeinsamen Nenner bezogen werden und der Unterschied zwischen Wasserstoff und Sauerstoff nur mehr ein solcher in Zahlenwerten ist. Das wäre dann die reinste Formel. Auf welche Weise sollte es uns sonst gelingen, dem winzig kleinen Wesen die qualitativen Unterschiede zwischen Wasserstoff und Sauerstoff deutlich zu machen? Wie würde es verstehen, was wir meinen, wenn wir H schreiben und Wasserstoff sagen? Sollten wir jedoch so weit kommen, daß wir nur ein Quantum wiedergeben müssen, sei es durch eine Anzahl Klangzeichen oder eine Anzahl Hölzchen, dann braucht es das Verstehen der gegenseitigen Sprachen nicht mehr. Dann läßt sich etwas, das sich uns in einem Bild zeigt, in Zahlenwerten definieren. Diese Zahlenwerte sind vom Bild unabhängig und kümmern sich nicht darum, wie wir das Bild wahrnehmen und beurteilen.

Es kann wohl durchgeführt werden, daß wir irgendeine Materie analysieren und auf eine quantitative Größe reduzieren, wie das am Wasser gezeigt worden ist. An Begriffen wie Kenntnis, Leben, Liebe, Vertrauen muß ein solcher empirischer Versuch aber versagen. Sie lassen sich nicht im Labor untersuchen und auf Zahlenausdrücke zurückbringen.

Das Wort in der Bibel *ist* aber ein quantitativer Begriff. Und die quantitative Ausdrucksweise beschränkt sich nicht auf Stoffe wie Wasser, Gold, Fleisch, Blut, sondern erstreckt sich auch auf alles andere, was im Wort ausdrückbar ist.

Ich weiß, daß das eine ganz unbekannte Auffassung in bezug auf Sprache und Wort ist und daß sie befremdet. Der Leser wird sich aber überzeugen können, daß diese Qualifizierung der Bibelsprache nicht erfolgt, um zu verblüffen und eine Theorie mehr in die Welt zu setzen. Diese Auffassung beweist sich selbst, und es ist nicht einmal schwierig, deren Grundlagen und Anwendung in der Praxis begreifen zu lernen.

Wo finden sich nun diese Zahlen, mit denen Begriffe in der Bibel quantitativ ausgedrückt werden? Wir sehen doch auch in der hebräischen Bibel nur Buchstaben. Die Antwort ist: Was wir für Buchstaben halten, sind eigentlich Zahlen, und erst dadurch, daß sie als Zahlen eine Rangordnung bekommen haben, werden sie auch zu Buchstaben mit allen entsprechenden Eigenschaften für das Formen von Lauten und Bildern.

8. Zahl und Buchstabe

Die Sprache, die die Bibel gebraucht – und das ist eine Besonderheit der Bibel –, vermittelt von allem einen quantitativen Ausdruck in der größtmöglichen Reinheit. Ein Bild kann abweichende Gefühle hervorrufen, man kann es verschieden sehen und werten; Gefühle können nicht auf einen Nenner gebracht werden, sie sind schwer zu beschreiben. Die Bilder und die sie begleitenden Gefühle können beim Sprechen nicht entbehrt werden. Sie haben einen sehr wichtigen Platz. Damit aber ein fein unterschiedener Begriff möglich ist, bedarf es der Zuverlässigkeit der quantitativen Struktur des Wortes.

Ein hebräisches Wort für Sprache ist *safa,* das zugleich auch »Ufer« bedeutet. In der Tat bildet die Sprache die Grenze zwischen zwei Welten. Die andere Welt, von der die unsere ausgegrenzt ist, ist von hier aus nicht zu messen. Alle zeiträumlichen Definitionen ver-

sagen ihr gegenüber. Von diesem anderen her bedarf es einer Übersetzung zum Zeiträumlichen hin. Dort, im Wesentlichen, hat alles,
74 was hier in Zeit und Raum ausgebreitet und verteilt erscheint, eine dichte Sinn-Gestalt. Was dort in-eins ist, muß sich hier als un-eins, d.h. nicht-eins, äußern, als ein Neben-einander, als ein Mehr und Minder, als ein Verhältnis in Proportionen. Nicht anders als so kann sich das Wesentliche im Zeiträumlichen zeigen. Was sich uns hier als ein quantitatives Verhältnis zu erkennen gibt, ist demnach die treueste Annäherung an das Wesentliche. So vermag die Sprache, die zugleich und vor allem Proportionen darstellt, die Brücke von dieser zeiträumlichen Welt zur anderen Welt zu spannen.

Das Quantitative der Sprache wird nun aber umgesetzt in Worte, die als Laut-Verhältnisse das Ohr erreichen, denn nur so wird die Sprache bildhaft und gefühlsträchtig. Die Laute, die Bilder und Gefühle werden in dieser Welt jedoch nur wirklich Form, weil sie bestimmte Proportionen tragen. Die Wortbildung läßt das Quantitative hinter sich an der Grenze zurück, die den Wurzelgrund unserer sichtbaren Welt darstellt. Dieser Wurzelgrund als Grenze ist aber vor allem der Ort, wo die besondere hebräische Sprache ihren Ausgang in unsere Welt nimmt, die einzige Sprache, die die reinen Proportionen in sich enthält. Jede andere menschliche Sprache nimmt dort teil am Entstehungsvorgang von Sprache überhaupt. Die Wirkung der Worte in den Lauten, als gesprochene Sprache, ist die gleiche wie die der zu Buchstaben gewordenen und geschriebenen quantitativen Verhältnisse. Der Unterschied zwischen den einzelnen geschriebenen Buchstaben drückt sich in entsprechend verschiedenen Verhältnissen in den Lauten aus. Es geht um die rechten Verhältnisse, und darin ist die Kraft auch des gesprochenen Wortes. Bestimmte wesentliche Verhältnisse werden durch das Aussprechen in einer bestimmten Form weltförmig, materialisiert. Dieselbe Kraft, die den Verhältnissen eigen ist, die am Wurzelgrund in Zahlen erscheinen, müßte in einem solchen Fall durch dieses Form-Werden, durch dieses Erscheinen in Sprache und Schrift, auch mitten in unserer Welt wirksam sein und nichts von ihrer Wirksamkeit einbüßen, obwohl Sprache und Schrift als diesseitig und in einem Abstand zur jenseitigen Welt empfunden werden.

Die Voraussetzung dafür ist natürlich, daß es sich mit dem Wort wirklich so verhält, wie ich es hier darstelle. Sobald nämlich das Wort dem Menschen nichts anderes ist als Mittel zur Beschreibung eines Bildes oder eines Gefühls, verliert es die sinngebende Verbindung mit dem Quantitativen. Nur das Fußen auf der Zahl als Proportion bringt das Wort bis zur Grenze dieser zeiträumlichen Welt mit der Welt des Wesentlichen. Es ist von entscheidender Bedeutung, daß wir uns dieser Verbindung bewußt sind. Wenn wir in der Bibel das Wort »Kuh« finden und dann nur an das Bild denken, welches das Wort »Kuh« bei uns weckt, wenn wir bei »Haus« an nichts weiter denken, als was für uns hier ein Haus ist, wenn wir uns beim Wort »Rache« nur das vergegenwärtigen, was »Rache« unter Menschen bedeutet, dann haben wir in jedem Fall der Bibel die Kraft genommen, verkennen wir jede tiefere Bedeutung des Wortes und schneiden eigentlich jene Verbindung durch, die allein imstande ist, uns Wahrheit zu vermitteln.

Aus dem, was wir der Bibel entnehmen, haben wir dann Bilder gemacht. Wie aber jedermann aus der Bibel weiß: sie hält nicht viel vom »Machen von Bildern«.

Wenn man bereit ist, die oben erläuterte Auffassung von der Sprache anzunehmen, dann muß man der Sprache den ersten Platz einräumen. Daraus folgt, daß die Sprache weder vom Menschen gemacht ist noch ihren Ursprung im Unartikulierten des Tieres hat. Vielmehr ist die Sprache zum Menschen und mit dem Menschen gekommen als eine Gegebenheit, wie auch das Leben zu ihm kam und wie er das All und die Erde mit allem, was sie enthält, schon vorfand. Die Sprache ist dem Menschen so »fertig« gegeben, wie er sein Leben »fertig« erhält.

9. Die Rangordnung der Zahlen

Die Buchstaben sind also wesentlich Zahlen, womit die Proportionen wiedergegeben werden, erst in zweiter Linie sind sie Konsonan-

ten mit einem Laut, der in dieser Welt ausgedrückt werden kann. Man wird vielleicht einwenden, daß ich den Sachverhalt umdrehe.
76 Denn, wird man sagen, es ist ja bekannt, daß man den ersten Buchstaben, die es gab, so auch den hebräischen, Zahlenwerte zuerkannte. Weil, wie man dann sagt, es noch keine besonderen Zeichen für Ziffern gab und man dazu die Buchstabenzeichen nahm. Daraus entstand, weil es später nicht mehr ernst zu nehmen war, das spielerische Zaubern mit Zahlen, welches man – übrigens ganz zu Unrecht – mit dem Namen Kabbala in Verbindung bringt. Kabbala bedeutet »Überlieferung« und hat mit Blindekuh-Spielen mit Zahlen nichts zu tun.

Dem ist zu entgegnen, daß die Buchstaben zuerst Zahlen sind. Denn wie kommt es, daß im Alphabet gerade diese Reihenfolge besteht: Alpha, Beta, Gamma, Delta, und keine andere? Wer sagt und wie kann man beweisen, daß das a vor dem b stehen muß? Die Antwort ist: Das Alpha entspricht dem hebräischen *Alef,* das primär die 1 ist, daher hat es den ersten Platz. Die 1 ist der erste, der ursprüngliche Zustand. Das Beta folgt dem Alpha auf dem 2. Platz, weil das hebräische *Beth* die 2 ist. Das hebräische *Gimmel* ist primär die 3, und so kommt auch das Gamma an 3. Stelle. So geht es weiter mit der ganzen Folge der Buchstaben. Die Buchstaben sind Zahlen und drücken Verhältnisse aus. Die Rangordnung der Vielheit bestimmt die Reihenfolge der Buchstaben.

Es gab also nicht so etwas wie eine Kommission, die beschlossen hat, daß das *Alef* vor dem *Beth* stehen muß, auch waren nicht irgendwelche ökonomischen Erwägungen der »primitiven« Voreltern ausschlaggebend, daß ausgerechnet die Bedeutung des hebräischen Wortes *alef* als »Haupt des Rindes« der 1 zugeordnet wurde, das Wort für Haus, *beth,* aber der 2, das Wort für Kamel, *gimmel,* der 3. Die Zahlen in ihrer Rangordnung wurden vielmehr in ihrer Bestimmung der auf die Zahlen bezüglichen Laute und Bilder bzw. Namen gewußt. Es bestand ein Wissen, auf welche Weise ein bestimmter Zustand im Wesentlichen sich in der Form-Welt des Zeiträumlichen kristallisiert. Die Namen, welche die Zahlen in der Welt der Formen erhielten, sind wahrer Ausdruck dieser Zahlen. Die 1 drückt sich anders aus in der Form als die 4 oder die 40.

Wenn in der Tat, was wir zeigen werden, das Quantitative in der Sprache am Anfang steht, weil es dem Wesentlichen am nächsten kommt, dann ist es logisch, daß die Buchstaben primär Zahlen sind und daß sie durch die Gegebenheit der Zahlenfolge in ihrer alphabetischen Reihenfolge bestimmt werden. Auch die Formen und die Namen der Buchstaben sind Ausfluß der Rangordnung der Zahlen.

Wenn ich hier oft im Zusammenhang mit der Sprache die Zahl als primär bezeichne, dann ist das nicht in einem zeitlichen Sinn gemeint. Ich will damit nicht sagen, daß es zuerst nur Zahlen gab, und daß dann diese Zahlen als Konsonanten zu dienen begannen, damit durch die Kombination dieser Laute das Sprechen möglich wurde, und daß man wiederum später anfing, die Laute alias Zahlen als Buchstaben aufzuschreiben. »Primär« gebrauche ich im Sinn von »maßgebend« oder »grundlegend«. Das Wesentliche am Konsonanten als Laut und Buchstabe ist, daß er eine zuverlässige Proportion ausdrückt. Nur so kann er als Brücke zu einer anderen Welt wirklich Sprache bauen. Natürlich kann er dann zugleich für das Sprechen und Schreiben gebraucht werden, was aber nichts an seinem Wesen als Verhältnisträger ändert.

Die Namen der Buchstaben, die als griechisches Alphabet zu uns in den Westen kamen, sind ursprünglich hebräische Namen. Es besteht auch die Meinung, daß die Namen phönizisch seien. Das hilft nicht viel weiter. Jedenfalls haben die Namen der hebräischen Buchstaben, die den griechischen die ungriechischen Namen gaben, im Hebräischen eine Bedeutung. Die griechischen Namen Alpha, Beta, Gamma, Delta sind keine griechischen Wörter mit einem eigenen Sinn. Auch erzählten die Griechen, daß ein gewisser Kadmos ihnen die Buchstaben gebracht habe. Kadmos kann vom Hebräischen her gedeutet werden als einer, der von *kedem* kam, d. h., er kam aus dem Osten, denn *kedem* bedeutet »vom Sonnenaufgang, früher, ursprünglich«.

Kapitel III Die Symbolik der Bibelsprache

1. Die vier Elemente der Sprache

Wir müssen die verschiedenen Elemente unterscheiden, aus denen sich jede Sprache zusammensetzt: 1. Die *Buchstaben,* d. h. ihre *Formen,* die zusammen das Wort bilden. Die Formen sind keineswegs willkürlich, sondern haben ihre bestimmte Überlieferung. 2. Die *Laute,* im Falle des Hebräischen die gesprochenen *Konsonanten.* 3. Die *Vokale,* die *Farbe* der Laute. 4. Die *Melodie* des Wortes oder Satzes (denn eigentlich singt man, wenn man spricht, auch wenn man es nicht bemerkt). Diese vier Elemente der Sprache sind, wie wir im folgenden sehen werden, mit dem Wesen Mensch verbunden.

Die Sprache des Menschen und seine geistige Gestalt, sein Wesen, sie sind im Grunde ein und dasselbe. Es wird berichtet, das Wort, die Sprache sei nicht vom Menschen entwickelt worden – oder doch nur zum Teil. Die Überlieferung sagt, die Sprache komme aus einer anderen Welt, vom Himmel, von oben, aus einer Welt, die konzentrierter, wesentlicher ist. Im Prolog des Johannes-Evangeliums heißt es: »Im Anfang war das Wort, und das Wort war bei Gott …« Ein Satz, der gern gedankenlos hergesagt wird. In der Überlieferung, auf die ich mich stets beziehe, stimmt diese Aussage buchstabengenau. Nur muß man wissen, was unter »Wort« zu verstehen ist. Es ist die *Sprache,* sie ist bei Gott, und sie kommt zu uns. Das hebräische Wort *bessar,* »Fleisch«, hat die gleiche Buchstabenfolge wie der Stamm des Wortes *bessurah,* »Botschaft«. Das Fleisch ist eine Botschaft, es enthält sie. Für uns klingt das unverständlich; denn Fleisch ist ja kein bloßer Begriff – es ist sichtbar, man kann es abwägen. Über eine Botschaft läßt sich nur reden. Daß aber Fleisch und Botschaft in einem ganz engen Zusammenhang stehen, weiß man, in Unkenntnis der Überlieferung, nicht mehr.

Sprache erscheint als ein Gegensätzliches: einmal die Sprache im Entwicklungsprozeß des Menschen, als seine Entwicklung, dann die Sprache in ihrem Ursprung von oben, als Gabe, als Botschaft. Wir denken ja ununterbrochen in Gegensätzen, in Doppelheiten – zunächst treten sie als Gegensatz auf und verbinden sich später zur Synthese. Der Gegensatz kann nicht bestehenbleiben. Es kommt der Punkt, wo man sich sagt: Leben und Tod mögen zwar als Gegensätze erscheinen, aber irgendwie gehören sie doch zusammen. Das Wort Leben hat keine Bedeutung ohne den Begriff Tod. Erst zusammen sind sie etwas Ganzes. Das gleiche gilt von den Begriffen gut und böse. Wir können Gutes nur als solches erkennen, empfinden, wenn wir wissen, daß es auch weniger Gutes, ja Böses gibt. Tag und Nacht, Mann und Frau, alles wird aneinander gemessen und gehört doch irgendwie zusammen, obwohl wir anfänglich nur den Gegensatz wahrnehmen. So kann es sich auch mit der Sprache verhalten, daß sie sich zwar mit dem Menschen und durch ihn entwickelt, aber nicht von ihm herkommt, sondern von anderswo. Wir müssen also den Doppelcharakter der Sprache fortwährend im Auge behalten. Die Sprache bringen wir schon mit wie so vieles; durch unsere Existenz wird sie dann so, wie sie ist.

Wir nannten als erste der vier Ausdrucksformen des Wortes den *Buchstaben,* wie er in seiner Form erscheint. Wir könnten das auch die Körperlichkeit der Sprache nennen, wie wir auch vom Körper des Menschen sprechen. Allerdings gehört zur körperlichen Realität nicht nur der Körper, sondern alles, was in dieser Welt wahrnehmbar wird und denkbar ist, denn auch das Denken nimmt Bilder und Formen an. Das Körperliche ist für uns ausgrenzend existierend und schließt damit ein anderes Körperliches aus. So berichtet uns die Überlieferung. Es ist dies oder jenes, kein Drittes. Dasselbe Prinzip äußert sich in den Formen der Buchstaben, in der Schrift.

Die zweite Ausdrucksform, der *Laut,* der Konsonant, ist eine Sache des Sprechens, und dies bewirkt die Bewegung von Kehle, Zunge und Lippen zusammen mit dem Atem. Beim Sprechen ist der Körper sichtbar beteiligt. In der Sprache der Tradition heißt der ganze Vorgang *nefesch.* Dieses hebräische Wort ist so vieldeutig, daß es fast unübersetzbar ist, auch die Umschreibung kann zu Mißverständnissen führen. In diesem umschriebenen Sinn ist *nefesch* die Kraft (Lebenskraft), die Seele, durch welche unsere diesseitige, d.h. zeiträumliche

Existenz möglich wird. Durch *nefesch* wird unser Körper lebendig, kann er sich bewegen, handeln, Schmerz empfinden usw. Sobald man also das Körperliche verläßt und weitergeht – höher, tiefer, oder wie immer man es nennen will –, dann kommt etwas, das mit der Stimme des Menschen zu tun hat, dann fängt das Wort an, gesprochen bzw. gehört zu werden. Im Bereich der Sprache geschieht hier derselbe Schritt wie beim Menschen vom Körper zur *nefesch* – derselbe Schritt, nicht nur im Sinne eines Vergleiches; bei der Schöpfung »spricht« Gott: »Es sei Licht!« Gott konstruiert nicht das Licht, er erschafft es durch sein *Wort*. Das Wort ist sehr mächtig, es kann heilen, es kann bestimmte Empfindungen auslösen, es kann erschrecken usw.

Ein Schritt weiter führt uns zur dritten Ausdrucksform des Wortes: zu den *Vokalen*. Sie sind dasjenige, was man in der Bibel *ruach* nennt. *Ruach* wird oft übersetzt mit dem Wort Geist, ist aber auch »Wind«, »Bewegung« und »Richtung«. Ich möchte es noch nicht näher definieren, sondern zunächst einmal nur klarmachen, daß es sich um etwas handelt, das weiter vom Körperlichen abrückt. Bei den Vokalen gebrauchen wir nur den Atem. Wohl formen wir den Mund bei den verschiedenen Lauten anders, aber er wird nicht so aktiv als Werkzeug benutzt, wie das bei den Konsonanten der Fall ist. Mit anderen Worten: die Vokale sind gewissermaßen weiter weg vom Körperlichen, wenn sie auch natürlich des Körpers keineswegs entraten können. Hat man Konsonanten und Vokale, so kann man schon ein Wort sprechen – tonlos noch und eigentlich noch tot, aber eben doch schon sprechen.

Ich habe den Begriff *ruach* absichtlich noch nicht weiter erläutert. Dazu müssen wir erst den letzten Schritt ausführen: Dieser ergibt sich, wenn aus den Buchstaben, den Konsonanten, und den Vokalen zusammen das Wort entsteht. Es ist nun eine Regel – allerdings eine Regel mit vielen und sehr gravierenden Ausnahmen, wie wir noch sehen werden –, daß das Wort zustande kommt durch drei Buchstaben (= Konsonanten). Diese drei Buchstaben bilden eine Einheit, die dann, wenn das Wort nicht nur seine Stammform darstellt, sondern Bewegung, Besitz oder dergleichen ausdrücken soll, erweitert wird durch andere Buchstaben, so daß es schließlich aus vier, fünf, sechs oder sieben Buchstaben besteht. Aber der Stamm, der Kern des Wortes besteht doch aus drei Buchstaben – abgesehen von den später zu behandelnden Ausnahmen.

Ist das Wort aus Konsonanten und Vokalen gebildet, so gewinnt es doch eigentliches Leben erst durch den *Ton* oder die *Melodie,* die man ihm verleiht. Man *singt* im Grunde genommen das Wort. In der eigenen Sprache merkt man es kaum mehr, bei einer fremden hört man es viel eher, weil man die Bedeutung nicht kennt und nicht durch das intellektuelle Verstehen abgelenkt wird.

Das Wort, einmal zustande gekommen, sucht leicht Verbindung mit anderen Wörtern, um mit ihnen zusammen eine neue Einheit zu bilden, den Satz. Die Bibel, fast die einzige Quelle für das alte Hebräisch, kennt keine Verse. Die uns geläufige Einteilung in Kapitel und Verse (z.B. Exodus Kap. 4, Vers 12 oder, kürzer, Exodus 4, 12) ist späteren Datums. Wenn man eine Thora-Rolle sieht, handgeschrieben, wie es noch heute Brauch ist, so stellt man fest, daß sie ohne Verseinteilung fortläuft, ja daß sie nicht einmal Lesezeichen wie Komma, Punkt und dergleichen kennt. Der Vers oder Satz ist einfach dadurch bestimmt, daß die Melodie am Ende absinkt. Man hört es, wenn der eine Satz zu Ende ist und ein neuer anfängt. Man könnte dort einen Punkt machen, aber man tut es nicht. Diese Melodie, die jedem Wort seinen Ton gibt, nennt man im Hebräischen *neschamah. Neschamah* ist das, was Gott dem Menschen bei der Schöpfung einhaucht. *Neschamah* ist also das Göttliche im Menschen, mit *nefesch* und *ruach* die dritte Facette des Begriffs Seele. *Neschamah* hat nur der Mensch, nicht das Tier, das aber, wie auch die Pflanze, *nefesch* besitzt (Tierseele, Pflanzenseele). Dank der *neschamah* kann sich der Mensch in Sprache ausdrücken; in ihr sind alle Elemente anwesend. Die Melodie kann man singen wie man will, die Melodie ist frei. Die Konsonanten stehen fest, die Vokale im großen und ganzen auch, für den Ton gibt es verschiedene Möglichkeiten. Der Mensch kann die ursprüngliche Melodie wählen – aber auch eine ganz andere. Es ist die *neschamah,* die dem Menschen diese Freiheit gibt.

Damit komme ich auf den Begriff *ruach* zurück. *Ruach* ist dasjenige, was zustande kommt durch die Polarität von *nefesch* und *neschamah. Ruach* ist die Bewegung, die beiden innewohnt: *nefesch* zieht hinunter, *neschamah* hinauf – wenn wir das so im Schema von Oben und Unten sehen wollen. *Ruach* ist die Resultante dieser beiden gegensätzlichen Kräfte. Sie kann zustande kommen durch die *nefesch* oder aber durch die *neschamah.* Deshalb ist *ruach* auch »Wind«; denn der irdische Wind ist eine Bewegung von der einen zur anderen Seite. Im allgemeinen wird *ruach* mit Geist übersetzt; ob das richtig ist, hängt davon ab, was man unter Geist versteht. Jedenfalls ist *ruach* auch Wind und Richtung. Norden ist ein *ruach,* Süden ein anderer.

Die genannten vier Elemente zusammen formen den Menschen und formen die Sprache des Menschen. Wenn man nun eine Thora-Rolle anschaut, so stellt man fest, daß in der hebräischen Schrift eigentlich keine Vokale existieren. Sie sind erst später hinzugefügt worden für diejenigen, die die Sprache nicht mehr genügend beherrschten. Eine Thora-Rolle, die diese später hinzugefügten Vokalzeichen aufweist, ist keine richtige Thora-Rolle. Die Vokale sind nicht körperlich, sie sind, wie gesagt, *ruach,* Atem, Wind, Geist. Und deshalb sagt man, *ruach* solle der Mensch selber bestimmen, *ruach* soll nicht festgelegt sein. Es ist in diesem Zusammenhang interessant, daß das Hebräische bei den Vokalen verschiedene Aussprachen kennt. Es gibt zumindest drei oder vier verschiedene Möglichkeiten.

2. Buchstaben und Schriftzeichen des Hebräischen

Nachdem wir die vier Grundelemente kennengelernt haben, aus denen die Sprache aufgebaut ist, kommen wir zu den Buchstaben. Es gibt deren im Hebräischen 22, alle sind Konsonanten. Davon sind zwei stumm und beziehen ihren Klang lediglich von den Vokalen. Aber sie sind nicht etwa selbst Vokale, sondern Konsonanten. Sie können die Farbe jedes Vokals annehmen. Diese 22 Buchstaben weisen eine ganz bestimmte Ordnung auf, die durch verschiedene Unterteilungen gekennzeichnet ist. Ich will hier auf eine alte Einteilung in drei Gruppen verweisen, wonach zunächst drei Buchstaben, dann

die 7 folgenden und endlich die 12 weiteren unterschieden werden. Die Zahlen 3, 7 und 12 hängen folgendermaßen zusammen: 3 + 4 = 7
84 und 3 + 4 + 5 = 12. Also sind 3, 4 und 5 die bewegenden Elemente beim Zustandekommen dieser drei Gruppen. Diesen drei Zahlen 3, 4 und 5 werden wir oft begegnen – nicht als Zahlen, sondern als Ausdruck von Lauten. Wir werden gleich sehen, daß die Zahlen Konsonanten und die Konsonanten Zahlen sind. Es ist nun nicht so, daß zuerst die Konsonanten wären und dann die Zahlen oder umgekehrt – nein, in der einen Welt der Laute sind es Konsonanten, in der Welt der Begriffe Zahlen. Die Zahlen sind, als Ausdruck von bestimmten Verhältnissen, an der Grenze zwischen den beiden Welten – wie übrigens die Konsonanten auch. Die Sprache verbindet ebenfalls die Welten. Mit der Sprache können wir segnen, fluchen, urteilen, wir können Leute damit beeinflussen, sie gesund oder krank, glücklich oder traurig machen. Auch die Zahlen verbinden, wie gesagt, Welten, nur empfinden wir das weniger, weil die Zahlen für uns zu einer Angelegenheit des Rechnens geworden sind. Neben den 22 Konsonanten gibt es eine Reihe von Vokalen, die man in späterer Zeit in zwei Gruppen zu je fünf eingeteilt hat. In dieser Einteilung kommt kein Urprinzip zum Ausdruck, und alles Suchen danach hat sich, was die Vokale betrifft, als vergeblich erwiesen.

Außer den Vokalzeichen finden wir in den modernen gedruckten Bibeln auch noch Zeichen für die Sprachmelodie, das heißt für Betonungen, Anfang und Ende. Daraus ergibt sich, daß es auch in bezug auf die Melodie viele Möglichkeiten gibt. Wir müssen nur soviel wissen, daß eine Grundeinteilung vorhanden ist, die unbedingt gilt: Anfang und Ende eines Satzes können nicht verschoben werden. Die *neschamah* gibt dem Menschen, wie ich schon sagte, die Freiheit, sich innerhalb der feststehenden Grenzen nach allen Seiten zu entfalten. Daher bedeutet das hebräische Wort für Melodie, Ton, *taam,* zugleich auch Geschmack und im übertragenen Sinne soviel wie Einsicht, künstlerischer Geschmack. Das Wort für Lied, *schir,* bedeutet zugleich soviel wie Regel; denn wenn man beim Singen von der Regel abweicht, so zerstört man das Lied.

Wir kommen nun zu den hebräischen Buchstaben. Neben der klassischen Schreibweise gibt es die in späterer Zeit aufgekommene Schrift, deren einziger Zweck im schnelleren Schreiben besteht. Dazu kam freilich auch die Scheu, die alten Buchstaben für die Umgangssprache zu benutzen, weil man wußte, daß diesen noch eine tiefere Bedeutung zukam (wobei es sich vielleicht um eine Art traumhaften Wissens handelte, das wir uns heute nur mehr schwer vorstellen können). Man hat, das ist so gut wie sicher, die Sprache der Bibel vielfach auch nicht als Unterhaltungssprache benutzt – jedenfalls nicht in der Zeit nach der Verwüstung des ersten Tempels durch Nebukadnezar zu Beginn des 5. vorchristlichen Jahrhunderts. Diese Zeitangabe führt uns auf ein schwieriges Gebiet. Ich kann darüber einstweilen nur in Andeutungen sprechen.

Es ist eine Überzeugungssache, daß die Geschichte, die Zeit, nicht diese Kontinuität kennt, die wir ihr beilegen. Das alte Wissen spricht oft von einem Bruch in der Zeit bzw. setzt ihn als selbstverständlich voraus. Wohl geht auf Erden alles so weiter wie gewohnt – die Bäume blühen, Sonne, Mond und Sterne ziehen ihre Bahnen –, und doch ist etwas geschehen, nicht nur symbolisch, sondern tatsächlich: ein Bruch, eine Diskontinuität. Im Midrasch (einer Auslegung des Alten Testaments nach den Regeln der jüdischen Überlieferung) wird erzählt, daß es in der Welt verschiedene Zeiten gab, in denen sich der Abstand zwischen Himmel und Erde änderte. Damit ist natürlich nicht ein meßbarer Abstand gemeint, sondern es bedeutet, daß die Handlungen und das Bewußtsein der Menschen ganz anders werden, als sie vorher waren. Unser jahrhundertealtes Evolutionsdenken hindert uns daran, uns etwas anderes vorzustellen als eine Kontinuität, obwohl wir an unserem eigenen Leben sehen könnten, daß es da auch Diskontinuitäten, Brüche, gibt. Wenn man also von der Verwüstung des Tempels spricht, so meint man damit, daß sich in der Entwicklung etwas zugetragen hat, durch das nicht gerade die Welt anders wurde, wohl aber der Mensch selber und sein Sehen und Empfinden. Gott hat sich verborgen, er ist nicht mehr sichtbar. Sehen Gottes und Verschwinden Gottes ist eine Sache, die auch doppelt

verstanden werden muß: in der Entwicklung, wie ich von der Spra-
che sagte, aber auch anders. Es wird erklärt, die Verwüstung des
86 Tempels geschehe auch im einzelnen Menschen. Was er vorher klar
sehen konnte – nicht im Sinne freilich des heutigen Verhältnisses die-
ses Ausdrucks –, das ist zwar irgendwie noch da, irgendwie aber auch verschüttet. Die Zeit ist ein alles verhüllender Schleier. Daher wird gesagt: Nach der Verwüstung des Tempels wird die hebräische Sprache nicht mehr gesprochen. An ihrer Stelle kommt das Aramäische, später auch das Griechische in Brauch. Für die Zeit vor der Zerstörung des Tempels sind wir in bezug auf den alltäglichen Gebrauch des Hebräischen auf Vermutungen angewiesen, weil uns die eindeutigen Quellen fehlen.

Auch die Schrift hat nach der Zerstörung des Tempels eine andere Entwicklung genommen; so entstand, wie schon erwähnt, die Schreibschrift, die nichts mit der ursprünglichen hebräischen Schrift zu tun hat.

3. Die Namen der Buchstaben und ihre Bedeutungen

a) Alef, Beth, Gimmel

Der erste Buchstabe ist das *Alef,* einer jener beiden Konsonanten, die nicht gesprochen werden. In der Welt der Zahlen ist *Alef* daher Zeichen für die Eins; denn die Eins existiert eigentlich gar nicht in unserer Welt. Wir kennen nur Teile eines Ganzen, wo zwar auch 1, 2 oder 3 vorkommen, nicht aber etwas, das in dem Sinne eins ist, daß es Gegensätze wie Tod und Leben umspannt.

Der zweite Buchstabe, *Beth,* wird sowohl als b wie auch als w gesprochen. Nur in der gedruckten Bibel zeigt ein kleiner Punkt im Buchstaben an, daß er als b auszusprechen ist, andernfalls wird er als w gesprochen. Dieser Punkt ist spätere Zutat, in der Thora-Rolle wie auch in den Büchern der Überlieferung findet er sich ebensowenig wie die Punkte, welche die Vokale anzeigen. Vom Leser der Thora oder der Überlieferung wurde verlangt, daß er ohne diese Hilfsmittel auskam. Als Zahl ist *Beth* die Zwei.

Der dritte Buchstabe, *Gimmel,* g, ist zugleich der Begriff Drei.

Die Namen dieser ersten drei Buchstaben, *Alef, Beth, Gimmel,* haben ganz bestimmte Bedeutungen, die ich hier nur kurz streifen kann.

Alef bedeutet Haupt *(aluf* ist ein Fürst, ein Haupt also), vor allem das Haupt des Stieres, taurus. Es ist eine alte Überlieferung, daß unter dem Zeichen des Stiers diese Welt sichtbar wird. In der Hieroglyphenschrift, die man benutzte, um nicht die heilige Schrift zu benutzen, kam diese Form des Stierkopfes mit den Hörnern zum Ausdruck:

Das *Alef* birgt ein tiefes Geheimnis. Es spricht von den zur Harmonie gekommenen Gegensätzen, es ist das Grundprinzip aller Buchstaben; alle Buchstaben fangen gewissermaßen mit dem Zeichen *Alef* an, gehen aus ihm hervor.

Das griechische Alpha bedeutet demgegenüber nichts. Wenn wir aber an die Sagengestalt des Kadmos denken, der den Griechen die Sprache brachte, so können wir auf den eigentlichen Ursprung des sogenannten Alphabets schließen. Kadmos kommt vom hebräischen Wort *kedem,* das »von früher« oder auch »von Osten her« heißt. Denken wir auch daran, daß eines der vier Lebewesen, die der Prophet Ezechiel in seiner Vision am Throne Gottes stehen sieht, ein Stier ist. Das Wort fängt mit dem Stier an, der Stier steigt herab, könnte zum Gott werden. Die Geschichte vom Tanz um das goldene Kalb – gemeint ist ein Stierkalb oder junger Stier – will uns zeigen, welche Gefahr in der Möglichkeit liegt, daß wir uns mit der Sprache von Gott unabhängig machen (Ex. 32). Dies ist gewissermaßen die körperliche Seite des Stieres. Wir sagten ja eingangs, daß die Form der Schrift den Körper darstellt, die sichtbare Wirklichkeit. Wenn wir unsere Realität zum Zentrum machen, so ist das der Tanz um das goldene Kalb. Das Gold ist Erscheinung in dieser Welt des Lichtes – also der Stier, der aus der Welt des Lichtes kommt.

Beth bedeutet Haus. Die Welt ist das Haus; auch sie hat einen Ein- und Ausgang, ein Dach usw., ist abgeschlossen von den anderen Welten. Ist man in dieser Welt, so ist man nicht in den anderen Welten. Wohl gibt es diese, aber ich bin nun einmal im Haus dieser Welt. Wenn wir Häuser bauen oder von Häusern träumen, so ist es dasselbe, wie wir noch sehen werden. Auch die Einrichtung des Hauses – Tisch, Schrank usw. – existiert in der höheren Welt. In der Überlieferung heißt es daher, der Mensch habe all das von dort mitgebracht und beschaffe es sich auch in dieser Welt. Er tut es aus einem Urwissen heraus, daß dies alles so sein kann und vielleicht auch so sein soll.

Gimmel hat ebenfalls eine Bedeutung, und zwar heißt es soviel wie Kamel. Damit ist natürlich auch unser Kamel gemeint, aber in Wirklichkeit sind die Tiere Ausdruck von Gedanken, Ideen, »Dingen an sich«, also von höchst wichtigen Dingen. Liest man die Traumdeutung der alten Überlieferung, so sieht man das bestätigt. Das Kamel, das man im Traum erblickt, bedeutet zugleich auch den Buchstaben *Gimmel* und hat zu tun mit der Existenz in der Welt. Denken wir auch daran, daß *Gimmel* zugleich die Zahl 3 ist.

b) Daleth, He, Waw, Sajin, Cheth, Teth, Jod

Der vierte Buchstabe ist das *Daleth,* d als Laut, 4 als Zahl. Es bedeutet die Tür. Das Haus hat eine Tür. Man kann durch dieses *Daleth* hinein- oder hinausgehen. Die Tür kann geschlossen bleiben oder offenstehen. Steht sie offen, so vermag der Mensch auch die andere Welt zu erblicken. Der Begriff der Tür ist verwandt mit dem des römischen Janus sowie mit dem des Krieges. Unter dem Krieg muß man ja nicht immer nur das Aufeinanderlosschlagen verstehen; jedenfalls meint er in diesem Zusammenhang die Welt der Gegensätze, wie Leben und Tod, Recht und Unrecht, Gut und Böse. Ist die Tür zu, so ist nur das eine oder das andere. Unsere Tür sollte immer offenstehen, der Mensch sollte mit sich selber kämpfen. Der Name Hiob wird mit denselben Buchstaben geschrieben wie der Begriff Feind, *ofeb.* In der Überlieferung heißt es, Hiob habe fortwährend gekämpft, nämlich mit Satan, dem Gegensatz in sich selbst. Schließlich habe er Gott dadurch zum Eingreifen gebracht. Gott antwortete Hiob, weil dieser das tut, was der Mensch eigentlich immer tun soll: bis zum Ende fragen, den Gegensatz in sich austragen. So steht der Mensch vor Gott, ähnlich dem Hohenpriester, der einmal im Jahr im Allerheiligsten vor Gott trat und den Namen Gottes aussprach, der sonst nicht ausgesprochen werden durfte. In der Nacht zuvor liest der Hohepriester das Buch Hiob.

Der fünfte Buchstabe, *He,* ist als Laut h, als Zahl die 5. *He* bedeutet soviel wie Fenster – wenn auch das entsprechende Wort nicht mehr vorkommt. Die Fensteröffnung drückt sich in der Öffnung links oben des Buchstabens aus. Auch durch das Fenster läßt man die andere Welt ein, wenngleich auf andere Weise als durch die Tür. Das Licht fällt durchs Fenster, man sieht etwas von dem, was draußen ist.

Der sechste Buchstabe, *Waw,* ist, ähnlich wie manchmal der zweite Buchstabe, als Laut ein w, als Zahl die 6. *Waw* bedeutet Haken. Dieser Haken verbindet und wird auch im Hebräischen als Verbindung benutzt: Wo wir »und« sagen, steht im Hebräischen das *Waw.* In der Überlieferung wird deshalb auch gesagt, die sechs Tage der Schöpfung verbänden die Welt, die vor der Schöpfung bestand, mit dieser Welt und ihren Menschen, dem siebenten Tag.

Der nächste Buchstabe, *Sajin,* ausgesprochen als stimmhaftes s (französ. z), bedeutet soviel wie Waffe – ein nicht oft benutztes, altes Wort; als Zahl ist er die 7. Darüber heißt es in der Überlieferung: Wir leben in dieser Welt eigentlich am 7. Tag! Der siebente Tag ist gewissermaßen der »Welt-Tag«, unsere ganze körperliche Realität, über die wir aber hinaussehen können. Deshalb finden wir in der Schöpfungsgeschichte stets die Formel: »Und es war Abend und es war Morgen, der ... Tag.« Beim siebenten Tag wird sie scheinbar vergessen – aber der siebente Tag ist eben noch nicht zu Ende, er ist diese Welt. Und diese Welt ist die Welt des Schwertes, der Waffe, weil man hier fortwährend mit dem Gegensatz beschäftigt ist. Man ist nicht zufrieden in dieser Welt, man sehnt sich nach einer neuen Welt. Interessant ist es in diesem Zusammenhang, daß der siebente Stamm der Israeliten, der Stamm Gad, als Stoßtruppe vorauszieht, um die kommende Welt, das Gelobte Land, zu erobern. So kämpft sich unsere Welt in die kommende Welt hindurch. Die Definition des Priesters nach dem Talmud lautet: Der Priester ist die Verkörperung dessen in uns, was unruhig ist und Unruhe stiftet. Die Welt ist nicht in Ordnung. Daher ist das Kennzeichen unserer Welt, des siebenten Tages, die Waffe.

Der nächste Buchstabe, *Cheth,* ähnelt dem *He,* nur daß die Fensteröffnung oben links geschlossen ist. Die Aussprache dieses Zeichens entspricht fast dem schweizerischen ch. Als Zahl ist es die 8, als – selten vorkommendes – Wort bedeutet es soviel wie Umzäunung, Gitter, also etwas, das abgrenzt. Wie *He* das geöffnete Fenster, so ist *Cheth* die abschließende Umzäunung. Es wird in der Überlieferung stets darauf verwiesen, daß der Unterschied zwischen diesen beiden Buchstaben sehr gering ist, und betont, daß es das Wichtigste für den Menschen sei, ihn zu erkennen, sich klar darüber zu sein, ob das Fenster vorhanden oder nicht vorhanden ist. Hat der Mensch noch Phantasie, den Ausblick in die andere Welt, oder ist er verschlossen, tot? Das bekannte Wort *hallel* (halleluja), preisen, loben – Gott loben, Gott preisen – wird mit einem *He* geschrieben. Schreibt man es jedoch mit einem *Cheth* als *challel,* so bedeutet es »entweihen«, also das genaue Gegenteil! Das Kleinste im Leben kann das Wichtigste sein.

Der neunte Buchstabe, *Teth,* wird etwa wie das deutsche t gesprochen. *Teth* ist ebenfalls kein Wort, dem man im uns bekannten Hebräischen noch begegnet. Die Überlieferung sagt, *Teth* sei die Gebärmutter, also der Ort, wo sich das Neue entwickelt, wächst und schließlich hervortritt. Gemeint ist damit nicht nur die menschliche Gebärmutter, sondern überhaupt das Dunkle, in dem sich das Neue vorbereitet, um ans Licht zu treten. Wie der Same in die dunkle Erde gesenkt wird, dort keimt, wächst und ans Licht drängt, so ist *Teth,* die 9, der verborgene Neuanfang nach dem Untergang. Man denke an die 9. Plage, die Finsternis (Ex. 10, 21 ff). Mit dem zehnten Buchstaben tritt eine neue Ebene, eine neue Phase der Welt hervor:

Das *Jod* wird aus *Teth* geboren; es ist wie das junge Gras, das aus der Erde hervorsprießt. *Jod* bedeutet Hand, die Hand, die noch nichts tut. *Jod* ist wie die Null, die zur Eins hinzugefügt die 10 ergibt. Wir betreten damit eine neue Ebene der Spirale: die Ebene der Tat, des sinnvollen Tuns des Menschen.

Für alle Buchstaben gilt, daß sie untereinander in ganz bestimmter Weise zusammenhängen. Daß die 10 einen j-Laut hat, ist ebensowenig ein Zufall, wie daß die 9 den t-Laut aufweist. T ist 9, j ist 10. Die verschiedenen Laute sind verschiedene Quantitätsbegriffe. Ihre Entfaltung bedeutet die Entfaltung einer ganz bestimmten Struktur.

Bei den hebräischen Zahlen gibt es nicht elf, zwölf usw., vielmehr werden die entsprechenden Größen durch zehn und eins, zehn und zwei usw. ausgedrückt. Die nächste wirklich neue Zahl nach der Zehn ist die Zwanzig, dann die Dreißig usw. bis zur Hundert. Auf der Ebene der Hunderter freilich geht es nicht weiter als bis zur Vierhundert. Dies ist, wie wir schon erörtert haben, die höchste durch einen Buchstaben auszudrückende Zahl. Auch das hat natürlich seinen Sinn. In der Bibel drückt diese Zahl das Letzte, das Ende, die weiteste Möglichkeit aus.

c) Kaf, Lamed, Mem, Nun, Samech, Ajin, Peh, Zade,
Kof, Resch, Schin, Taw

Der elfte Buchstabe, *Kaf,* wird als k ausgesprochen, gelegentlich auch als ch. In der für den Gebrauch der Laien punktierten hebräischen Schrift, wie sie uns vor allem in den gedruckten hebräischen Bibeln begegnet, wird die harte Aussprache k durch einen in den Buchstaben hineingesetzten Punkt angezeigt. *Kaf* ist in der Welt der Zahlen die 20. Das Wort *kaf* bedeutet die zugreifende Hand bzw. die Hand von innen (*Jod* bedeutet die Hand von außen oder auch allgemein die Hand). Auf der neuen Ebene, die wir mit der 10, dem *Jod,* betreten haben, bringt *Kaf,* die 20, das Lebendige. Die Bedeutung der Buchstaben wird nun grundsätzlich anders, wie wir gleich sehen werden.

Der nächste Buchstabe, *Lamed,* wird wie l gesprochen und ist die 30. *Lamed* bedeutet Ochsenstachel. Der Ochse, der da angestachelt oder auch zurückgehalten wird, ist eigentlich der Stier, mit dem diese

Welt anfängt. *Lamed* weist also darauf hin, daß jetzt dieser Ochse anfängt, sich zu bewegen. *Kaf,* die Hand, die etwas tut, beginnt die Welt des Tuns, und sie bedient sich des *Lamed,* des Ochsenstachels.

Nun folgt der Buchstabe *Mem,* ausgesprochen wie m. Als Zahl ist es die 40. *Mem* bedeutet als Wort Wasser oder besser: könnte es bedeuten. Das eigentliche Wort für Wasser ist *majim.* Das ist nicht zufällig, denn der Begriff 40 hat immer mit Wasser zu tun. Auch die Zeit – auf die Verwandtschaft der beiden Begriffe Wasser und Zeit kommen wir noch zu sprechen – wird mit der Zahl 40 gemessen (gelegentlich auch mit 400 oder 4). Denken wir nur an die 40 Jahre in der Wüste, die 40 Tage am Sinai, die 40 Tage der Wanderung des Propheten Elia zum Berg Horeb. Gemeint sind nicht 40 Tage oder Jahre nach dem Kalender; es will vielmehr sagen, daß man in der Zeit gleichsam untergetaucht war, wie man auch im Wasser untertauchen, ja ertrinken kann. Deshalb ist auch die alte Hieroglyphe für *Mem* eine Wellenlinie, aus der unser M geworden ist.

Der nächste Buchstabe, *Nun,* wird als n ausgesprochen und ist zugleich die 50. *Nun* ist der – vielleicht schlangenartige – Fisch. Darunter haben wir die Individualität des Menschen in der Zeit zu verstehen. Mit *Kaf,* der schaffenden Hand, hob es in der Zehnerreihe neu an, mit *Lamed,* dem Ochsenstachel, setzt diese Hand den Stier in Bewegung: Die Zeit, *Mem,* entsteht, und mit der Zeit das Leben in der Welt als dem Sinn der Zeit, *Nun.* In der biblischen Geschichte hören wir, daß nach den 40 Jahren des Volkes in der Wüste ein anderer Führer eingesetzt wird, Joschua, der Sohn des Nun, also der Sohn der Fünfzig oder des Fisches (Num. 27, 18–23). Der Fisch, allgemein gesprochen, das Leben im Wasser, repräsentiert das Leben überhaupt. Nach der Überlieferung ist das Weltall auf den Rücken des Fisches gegründet. Das will sagen, daß *Nun* das Fundament der Existenz dieser Welt ist. Denken wir auch an die Rolle des Fisches im Neuen Testament, und daß Menschen, die mit Fischen zu tun hatten, zur Grundlage gemacht wurden. Joschua, Sohn des *Nun,* ist übrigens derselbe Name wie Jesus, Jeschua. Und Joschua heißt eigentlich »der Herr hilft«.

50 ist also eine Zahl, die nach der Zeit kommt. Alles, was noch Zeit in sich hat, fällt noch unter den Begriff der 40 (der bis 49 reicht). Dann beginnt eine andere Welt. Nicht umsonst ist Pfingsten am 50. Tag nach Ostern. 49 Tage war noch das Alte, nun beginnt etwas ganz Neues, die Offenbarung des Geistes. In der 49 steckt die Zahl 7, die, wie wir oben sahen, unsere zeitliche Welt darstellt. Nach dem alten Rechnen begegnet die 7 in der 49 sich selbst, weil 7 × 7 = 49 ist. Die 50 gehört zum 8. Tag. Für uns, die wir in dieser Welt leben, die dem 7. Tag zugehört, ist der 8. Tag immer nur eine Zukunft, eine andere Möglichkeit, eine kommende Welt. Sie könnte schon jetzt sein, wenn Zeit und Raum nicht mehr den beherrschenden Einfluß auf uns ausübten.

Der Wüstenzug unter der Führung des Moses dauert nur 40 Jahre, mit Joschua, dem Sohn des Fisches, der 50, beginnt die Einnahme des Gelobten Landes. Moses, der »aus dem Wasser Gezogene«, konnte während der 40 Jahre Führer sein, danach nicht mehr. Von Moses heißt es in der Überlieferung, er kenne 49 Pforten der Einsicht oder Weisheit, Joschua aber 50. Moses sehnt sich nach der anderen Welt, und er darf sie auch sehen, aber er kann sie im Unterschied zu Joschua-ben-nun nicht betreten. Wenn man diese andere Welt betreten will, muß man einen Fluß durchschreiten – also wiederum eine Zeitbarriere –, in dem man ertrinken könnte, wenn sich das Wasser nicht teilte, wie die Geschichte vom Übergang Joschuas über den Jordan berichtet (Jos. 3). Die Zeit kristallisiert gleichsam, wird fest, wird zu etwas ganz anderem, als wir gewöhnlich erleben. Für uns fließt die Zeit, und was vorbei ist, ist vorbei. Aber die Zeit kann stehenbleiben.

Dasselbe geschieht beim Auszug der Israeliten aus Ägypten; sie fürchten, im Wasser zu ertrinken, aber das Wasser wird zu Kristall, und man kann es durchschreiten. Die Überlieferung erzählt, daß jeder der zwölf Stämme durch eine andere Pforte im Wasser, einen anderen »Kristall« hinüberging. Diese Kristalle sind dieselben, die später auf dem Brustschild des Hohenpriesters als Stammeszeichen befestigt wurden. Durch einen jeden dieser Kristalle bricht sich das Licht anders, sieht man anders.

Die 7 hat daher auch in den alten hebräischen Hieroglyphen die Form eines Schiffes mit einem Ruder, das ins Wasser taucht: So rudert die Welt durch das Meer der Zeit. Darum wird die 7 auch immer als Zeit gesehen. In der Wüste ziehen die Israeliten beständig von einem Ort zum anderen; sie machen 42, also 6 × 7 Stationen (Num. 33). Selbst die »Wohnung« für Gott ist so gemacht, daß man sie rasch zusammenpacken kann. Im Zustand der 6 gibt es das nicht, sondern nur in dem der 7. Beim Übergang aus dem einen zum anderen (von Ägypten in die Wüste) muß ebenfalls ein Wasser bezwungen werden (Ex. 14). Die Israeliten haben große Furcht davor: Der Mensch glaubt nie so recht, daß die andere Realität, die der 7, existieren kann; er glaubt nur an das, was er täglich erlebt. Bezeichnend ist es in diesem Zusammenhang, daß der Pharao die Flüchtenden mit 600 Reitern verfolgt. Die Kinder Israel ziehen aus Ägypten aus mit 600 000. Die Überlieferung erzählt, daß die hebräischen Frauen in Ägypten alle Sechslinge gebaren. Das darf man natürlich nicht wörtlich nehmen. Wichtig daran ist die 6, sie bezeichnet den entsprechenden Zustand, in dem man sich – ohne schon daran glauben zu können – nach einer neuen Welt, nach der 7 sehnt, und von der 7 nach der 8, die mit *Nun* als 49 + 1 = 50 anhebt.

Es folgt der Buchstabe *Samech,* gesprochen wie das deutsche ß oder sz, als Zahl die 60. Das Wort bedeutet, wenngleich selten vorkommend, Schlange, und zwar nicht wie der vorhergehende Buchstabe nur einen schlangenartigen Fisch, sondern eine richtige Schlange. Die Schlange ist es, die den Menschen zur Sünde veranlaßt. Sünde ist ein theologischer Begriff. Der Mensch sündigt immer. Dabei ist aber nicht an die Sünde zu denken, die der Mensch bewußt begeht – diese wäre eher als Krankheit zu bezeichnen –, sondern an die unausweichliche Sünde, die Ursünde, die darin besteht, daß der Mensch hier existieren will. Bei der Schöpfung gibt Gott dem Menschen das Gesetz: »Seid fruchtbar und mehret euch!« Das Essen vom Baum der Erkenntnis des Guten und Bösen bedeutet aber die Anwendung dieses Gesetzes durch den Menschen. Es ist damit ähnlich wie in den griechischen Tragödien: Der Mensch kann nicht anders handeln, aber eben dadurch wird er schuldig. Will er auf Erden existieren, so muß er sich mehren; zugleich aber wird ihm verboten, vom Baum der Erkenntnis zu essen. Die Schlange, so wird in der Überlieferung gesagt, ermöglicht dem Menschen die Existenz in dieser Welt. Das ist die Sünde. Der Mensch aber soll fragen: Wozu ist das so, und wozu bin ich überhaupt da? Er soll hinauskommen wollen aus diesem Gegensatz.

Deshalb bedeutet der hebräische Ausdruck für Ägypten, *mizrajim,* das Leiden im Gegensatz. Das Wort *zar* bedeutet »Form werden«, aber auch leiden; *ajim* im Hebräischen bezeichnet immer eine Zweiheit. Die Augen heißen *enajim,* die Ohren *osnajim,* die Hände *jadajim,* die Füße *raglajim,* eine Waage *mosnajim* – alles, was aus zweien besteht, wird durch die Silbe *ajim* bezeichnet. Ägypten heißt nur im Hebräischen *mizrajim,* im Ägyptischen heißt es *mizr.* Die »Ägypter« selber leiden nicht unter dem Gegensatz, sie nehmen ihn hin; für sie ist er ganz natürlich. Aber die israelitischen Fremdlinge leiden darunter. Wer sich in Ägypten wohl fühlt, so heißt es in der Überlieferung, wird nicht erlöst. Erwartet wird vom Menschen, daß er erlöst werden will, daß er immer wieder fragt nach dem Warum und Wozu – bei allem, was er tut. Wozu ist die Wirtschaft da, wozu die Ehe, der Krieg, das Leben? Wenn der Mensch diese Fragen stellt, so ist seine Konfrontierung mit der Schlange schon in Ordnung. Der Widerspruch zwischen dem Gebot »Mehret euch« und dem Verbot, vom Baum der Erkenntnis zu essen, soll ihn aufmerksam machen auf die Scheidung, die Zweiheit. Der Sohar* erklärt: Wenn der Mensch leidet, soll er verstehen, daß Gott leidet, daß die Schöpfung entsteht und existieren kann, weil Gott sich auch teilt; er schickt von sich etwas hinaus in die Welt, und das ist eine umwälzende, große Sache. Darum leidet Gott, und alles Leiden des Menschen ist letztlich dasselbe. Der Mensch soll sich aber dieser Zweiheit schmerzlich bewußt werden. In dieser Realität stimmen eben die Dinge nicht.

* Das grundlegende Werk der jüdischen Überlieferung, der Kabbala. Das Wort bedeutet »Strahlung«, »Strahlenkranz«. Der Sohar ist ein Thora-Kommentar, größtenteils in mystischem Sinn. Der Überlieferung nach stammt er von dem Tannaiten Simon bar Jochai, aus dem 2. Jahrhundert; die moderne Wissenschaft nimmt an, daß er in seiner heutigen Fassung von Mosche de Leon (13. Jahrhundert, Spanien) stammt.

Als nächster Buchstabe folgt *Ajin,* eigentlich zusammengesetzt aus *Waw* und *Sajin. Ajin* ist zusammen mit dem *Alef der* zweite Konsonant, der nicht ausgesprochen wird; er kann infolgedessen den Lautwert a, e, o, u usw. annehmen. Dennoch ist *Ajin* in gewisser Weise mehr Konsonant als *Alef. Alef ist* wirklich nur ein Hauch, *Ajin,* sagt man, ist der Anfang des Körperlichen. Könnte man richtig sprechen, so würde man *Ajin* ganz leicht hören.

Ajin bedeutet Auge. Als Zahl ist es die 70. Als das körperliche Auge ist es die 70. 7 ist diese zeitliche Welt. Daher ist die 70 ebenfalls ein Ausdruck für diese Welt. Man spricht von den 70 Völkern der Erde und meint damit alle Völker, die es gibt. Man spricht von den 70 Sprachen, den 70 Weisheiten, den 70 Ältesten: alle nur denkbaren, möglichen Sprachen, Weisheiten usw. All dies kann vom Auge des Körpers gesehen bzw. vorgestellt werden. Daher ist Auge und 70 dasselbe, *Ajin.*

Zugleich aber wird gesagt, daß es mit diesem Auge auch noch etwas anderes auf sich habe. Wir sehen, daß das Wort *Ajin* selbst den Zahlenwert 130 darstellt: *ajin* = 70, *jod* = 10, *nun* = 50. Es mag zunächst komisch klingen, wenn ich sage, daß sich die Bedeutung der Zahl 130 daraus ergibt, daß sie nach 120 kommt. 120 gleicht der 12, und das ist auch ein Maßstab der Zeit; denken wir an die 12 Stunden des Tages, die 12 Monate des Jahres, die 12 Tierkreiszeichen. Es sind stets 12 – nicht weil es einfacher war, durch 12 zu teilen, sondern weil es so ist. Was mit der Zeit zu tun hat, wird in 12 gesehen. Das 13. (= 130) ist an der Zeit vorbei, nicht mehr in der Zeit. So wird auch in der Bibel die Zahl der Lebensjahre des Menschen als 120 bezeichnet (Gen. 6, 3). Wie wenig das wörtlich zu nehmen ist, zeigt die Tatsache, daß die Bibel nur von einem Menschen weiß, der tatsächlich 120 Jahre alt wird, nämlich Moses. 130 ist gewissermaßen: an diesem Leben vorbei. So wird z. B. auch der Berg Sinai, an dem Moses die Offenbarung empfängt, geschrieben als 60–10–50–10, also 130. Von Adam heißt es, daß er 130 Jahre alt war, als ihm sein 3. Sohn Scheth geboren wurde, mit dem die Schöpfung des gottesbildlichen Menschen gleichsam neu anhebt. Kain und Abel stellen den Gegensatz dar, Scheth, der von Adam mit 130 Jahren Gezeugte, ist die Überwindung des Gegensatzes. So ist 130 immer ein Begriff, der über die Zeit hinausweist. Unser Auge, Zahlenwert 130, hat etwas in sich, mit dem es »an der Zeit vorbei« empfinden kann. Es muß nicht gebunden sein an die Zeit.

Wenn man *Ajin* sagt, sagt man eben 130, wenn auch der bloße Buchstabe nur die Zahl 70 verkörpert. Das Auge hat etwas Besonderes: Das Wahrnehmen des Menschen kann zur Einheit führen, indem man gleichsam an den Grenzen vorbeigeht, die diesem Vermögen hier gesetzt sind. Freilich muß man zuerst sehen, was ist. Die Schlange ist dazu da, daß man ihr begegnet. Die Geschichte wäre nicht Geschichte, wenn man dieser Begegnung auswiche.

Das Wort *Ajin* bedeutet außer Auge auch Brunnen, Quell, ein Brunnen mit lebendigem Wasser. Auch dies ist ein Ausdruck für die Zeit, die aus dem Verborgenen quillt. Von hier aus versteht man die vielen biblischen Geschichten, in denen Brunnen vorkommen.

Es folgt der Buchstabe *Peh,* Zahlenwert 80, Lautwert p. Ein Punkt im *Peh* zeigt dem Laien, daß es als p gesprochen wird, sonst wird es als f oder ph gesprochen. Die Bedeutung von *Peh* ist Mund. Daher heißt es in der Überlieferung: Nachdem das Auge wahrgenommen hat – nach der Begegnung mit der Schlange öffnen sich die Augen des Menschen, und er sieht diese Welt –, kommt das Wort, und der Mensch fängt an, mit Gott zu sprechen. Dieses erste Gespräch ist typisch. Es fängt an mit Gottes Frage an Adam: »ajäkah?« («Wo bist du?»), denn der Mensch (Adam) hatte sich vor Gott versteckt. Das Wort »ajäkah« ist identisch mit *ejchah,* das sich am Anfang der Klagelieder des Propheten Jeremia findet. Die Überlieferung weist darauf hin, daß der Anfang des Gespräches Gottes mit dem Menschen dem Moment der Verwüstung des Tempels entspricht. Die Wohnung Gottes verschwindet aus dieser Welt. Es ist also gerade umgekehrt, wie man glauben möchte: Nicht wenn die Wohnung Gottes beim Menschen ist, beginnt sein Gespräch mit Gott, sondern erst dann, wenn der Mensch weiß, daß er das Paradies verloren hat. Erst dann fängt der Mensch an zu fragen: Warum, wozu werde ich hier gebo-

ren? Er fühlt, es war einmal anders, aber er weiß nicht, wann und wie. Er ist nicht ganz zufrieden, daß er hier lebt, und doch lebt er wei-
98 ter – eigentlich auch wieder sehr gern. Hier haben wir wieder den Gegensatz. Der Mensch fragt Gott: Warum hast du das getan, warum hast du mir diesen Körper gegeben – die Frau heißt das, sagen wir dann –, nun muß ich doch hier leben? Und doch soll ich nach Hause kommen.

Peh, der Mund, fängt an zu sprechen. *Peh* ist 80. Der 8. Tag ist die kommende Welt, das Gespräch zwischen Gott und dem Menschen.

Der folgende Buchstabe, aus *Waw* und *Zajin,* der 6 und 7, zusammengeschrieben, ist *Zade,* als Zahl 90, gesprochen wie ts oder z. *Zade* bedeutet Angelhaken. Mit dem *Zade* zieht man den Fisch aus dem Wasser. Das Wort hat auch mit dem Wort für Jagd und Jäger zu tun. Der Zadik der Chassidim* – gewöhnlich übersetzt mit »ein Gerechter« – ist eigentlich einer, der die Fische fängt, die Menschen aus dem Wasser holt, aus der Zeit nämlich, die sie rings umgibt. Der Zadik bringt den Menschen aufs Trockene, wohin er eigentlich gehört. (Jesus wählt Fischer zu Menschenfischern.) Pharao, Ägypten, läßt den Menschen gleichsam im Wasser ertrinken; Moses, der aus dem Wasser Gezogene, wird zum Erlöser aus der Zeit in Ägypten.

Kof, 100, als k gesprochen wie *Kaf.* Allerdings kann *Kof* niemals, wie *Kaf,* Zeichen für ch sein. *Kof* bedeutet das Nadelöhr. Das will sagen: Der Zugang von der einen zur anderen Seite ist ganz klein – der Mensch will kaum glauben, daß etwas hindurch kann. Wir kennen alle die Geschichte vom Kamel und dem Nadelöhr (Matth. 19, 24). Man glaubt nicht, daß sich mit *Kof* eine neue Welt eröffnet, man meint, man sei aus dem Wasser geholt, und damit sei das Endstadium erreicht. Darum spricht Abraham, als er 100 Jahre alt geworden ist, es

* »Fromme«, »Liebe Schenkende«. Im allgemeinen versteht man heute unter Chassidismus den Lebensweg des Baal Schem Tow und seiner Schüler, die im 18. Jahrhundert in Podolien lebten und lehrten. Diese Richtung fußt auf der mystisch betonten Lurianischen Kabbala (nach Isaak Luria benannt, der im 16. Jahrhundert in Safed, Palästina, lehrte), hält sich aber auch streng an die aus der Thora und dem Talmud abgeleiteten Lebensregeln. Martin Buber hat die Aussprüche und Lehren der Chassidim literarisch zu vermitteln gesucht; im Judentum gab es schon immer Chassidim, die dann auch diesen Namen benutzten.

sei undenkbar, daß ihm nun noch ein Sohn geboren werde (Gen. 18). Das wäre gegen jedes Natur- oder Schöpfungsgesetz. Die Ankündigung der Geburt Isaaks bringt ihn zum Lachen (daher der Name Jizchak, d.h. lächerlich). Und doch wird dieser Isaak geboren – ein neues Leben beginnt mit 100. Die Reihe der Hunderter geht allerdings nur bis zur 400.

Resch ist 200 und – auf der Ebene der Laute – das r. *Resch* bedeutet Haupt. Die Bibel beginnt mit dem (zusammengesetzten) Wort *Bereschith,* das heißt: Im Anfang. Eigentlich bedeutet Anfang, *resch,* Kopf, Haupt – der Kopf kommt also immer zuerst, wie das auch bei der Geburt des Menschen der Fall zu sein pflegt. Von hier aus kann man weiter darüber nachdenken und Bestätigung dafür finden, daß tatsächlich der Kopf immer den Anfang der Verwirklichung darstellt.

Denken wir auch daran, daß *Alef* den Kopf des Stieres darstellt. *Resch* ist der Kopf des Menschen, des wirklichen Menschen, der zuerst das Auge, dann den Mund bekam, um mit Gott zu reden; nun erhält er, was gleichsam das Göttliche in ihm ist: das Haupt. Die Form des Buchstabens zeichnet ja auch die Linie des menschlichen Hauptes nach (im Profil gesehen). In diesem Zusammenhang möchte ich besonders auf die Ähnlichkeit des Buchstabens *Resch,* des r, der 200, mit zwei anderen Buchstaben aufmerksam machen: mit dem *Kaf* (= k bzw. 20) und dem *Beth* (= b bzw. 2). Die Basis des Buchstabens wird beim Aufsteigen zum höchsten Wert, *Resch,* immer kleiner. Die Basis ist diese Welt, der obere Teil die andere, die himmlische Welt. Im Buchstaben *Resch* drückt sich daher aus, was im Menschen dahin neigt, und das heißt sein Wesentliches. Heute würden wir darauf hinweisen, daß im Gehirn alle Funktionen verankert sind und von dort aus gesteuert werden. *Resch* ist also der Kern von allem.

In der Reihe folgt nun der Buchstabe *Schin,* eigentlich ein *Waw* und zwei *Sajin* auf eine Basis gebracht. Schin kann auch als *Sin* ausgesprochen werden. Aber in beiden Fällen ist es die Zahl 300. Ein Punkt rechts über dem Buchstaben deutet an, daß er wie *Schin,* ein Punkt links über ihm, daß er wie *Sin* ausgesprochen wird. Diese Punkte, noch einmal sei's betont, sind nur für den Laien hingesetzt. Aber die Aussprache dieses Buchstabens hat einmal über Tod und Leben entschieden: Die ephraimitischen Krieger, die auf der Flucht von Gilead aufgegriffen wurden und sich herausreden wollten, mußten zur Probe das Wort *schibboleth* aussprechen. Da sie nur *sibboleth* herausbrachten, wurden sie getötet (Richt. 12, 5f). Natürlich hat das eine tiefere Bedeutung. *Schin* ist ein sehr wichtiger Buchstabe. Wir werden sehen, daß *Schin* ebenso mit dem Kopf zu tun hat wie der vorhergehende Buchstabe, und zwar mit dem Teil des Kopfes, auf dem das »schwarze Auge« gedacht wird und welcher durch die *tefillin** bedeckt ist. Auf diesem finden wir das *Schin.*

Im *Schin* ist ein großes Geheimnis; *Schin* bedeutet eigentlich Zahn. Was hat der Zahn damit zu tun, wird man fragen. Für uns sind die Zähne bloße Werkzeuge. Aber mit den Zähnen fängt an, was wir als Essen bezeichnen. Essen, hebräisch *achol,* bedeutet eine Verbindung des Begriffes »alles« mit dem Begriff »eins«, also: alles wird mit eins verbunden, d. h. wenn der Mensch etwas hört, sieht oder ihm begegnet, so »ißt« er es. Damit ist klar, daß unter *achol* keineswegs nur das tatsächliche Essen zu verstehen ist. Alles vielmehr macht der Mensch zu einem Teil seiner selbst, indem er es in sich aufnimmt. Er zerkaut es mit seinen Zähnen, damit er es sich einverleiben kann. Deshalb spricht die Überlieferung viel von den Zähnen, z. B. von den vier Arten derselben und davon, daß es 4 × 8 sind – immer wieder die 4! Ähnliches gilt auch von den Nägeln und von den Haaren. Die Zähne haben also zu tun mit dem Sinn des Lebens, und dieser Sinn wird dargestellt durch jene Kapsel, die auf der Stelle des Kopfes getragen wird, wo das andere Auge das Menschen seinen Sitz hat. Daher ist auf der Kapsel das *Schin* angebracht. Man kann sich ja auch fragen, warum der Mensch überhaupt essen muß, um leben zu können. Eben weil er so gemacht ist, daß er mittels seiner Zähne »alles« mit dem »ei-

*»Gebetsriemen« (nach der Weisung von Ex. 13, 9 und Deut. 6, 8 bzw. 11, 18); sie bestehen aus Lederriemen und zwei Lederkapseln, wovon die eine, innen viergeteilt, am Haaransatz oberhalb der Augen, die andere am linken Arm gegenüber dem Herzen getragen wird. In den Kapseln befinden sich Pergamentstreifen mit dem Text von Ex. 13, 1–10, 11–16; Deut. 6, 4–9; 11, 13–21.

nen«, sich selbst verbinden soll. In diesem Zusammenhang will ich erwähnen, daß das *Schin* auf der einen Seite der Kapsel in der gebräuchlichen Form, also mit drei, auf der anderen Seite jedoch mit vier Zacken oder Zähnen erscheint. Die Drei und die Vier haben also auf der Kapsel ihren ganz besonderen Ausdruck gefunden. Die *tefillin* sind schwarz, d.h., sie sind das Unsichtbare: Versuche niemals, das in materieller Form einzufangen, mache dir keine Vorstellung davon, wie es aussehen könnte, was sich damit anfangen ließe.

Der letzte Buchstabe, *Taw,* als Zahl 400, als Buchstabe das t. Es ist zusammengesetzt aus *Resch* und umgekehrtem *Waw.* Im sogenannten wissenschaftlichen Hebräisch, das auf das Sephardische zurückgeht und heute auch in Israel gesprochen wird, ist *Taw* immer ein t. Im klassischen Hebräisch konnte es auch ein sz-Laut sein. *Taw* mit einem Punkt im Inneren wird wie t, ohne Punkt wie sz ausgesprochen; es bedeutet »Zeichen«. In den hebräischen Hieroglyphen ist es einfach ein Kreuz, also *das* Zeichen; denn es deutet die Vierheit an, wie sie auch in dem Zahlenwert des *Taw,* 400, zum Ausdruck kommt. Für den Hebräer ist der Begriff 400 das Äußerste, das er im Materiellen denken kann. 400 ist der Inbegriff von allem, wird daher auch als Ausdruck der Ewigkeit gebraucht. Die Kinder Israel sind 400 Jahre in Ägypten, das bedeutet in diesem Sinne: immer. Sie können nur herauskommen, wenn diese Welt durchbrochen wird. Das scheint unmöglich, und doch sehnt man sich danach. Das ist die 400. Ein anderes Beispiel: Die Maße des Landes werden mit 400 × 400 angegeben. Mit dem Land meint man nicht einen geographischen Begriff, sondern das All, das unendlich ist. Deshalb heißt *Taw* das »Zeichen«, das Kreuz, das im Christentum bedeutet, daß Gott, der Schöpfer, sich in seine Welt hineinopfert, leidend mitgeht mit der Welt.

Taw, Zeichen, kommt z.B. im Buch Ezechiel in einem bedeutsamen Zusammenhang vor: Der Prophet schildert das Strafgericht an den Bewohnern Jerusalems (9. Kapitel), das er in der Vision schaut. Alle Bewohner werden niedergemetzelt, nur diejenigen nicht, an denen zuvor das »Zeichen« angebracht worden war, d.h. die über die Greuel geklagt und geseufzt hatten, die ihre Mitbürger verübten (vgl. auch Offenb. Joh. 7, 3 und 9, 4). Dem Hohenpriester wird ebenfalls ein *Taw* auf die Stirn gezeichnet, das bedeutet, er soll das Leiden dieser Welt auf sich nehmen, wie Gott es auf sich genommen hat. Wie Gott sich nicht davon distanziert, so soll es auch der Mensch nicht. Wir können nicht sagen, es ist weit weg, es geht mich nichts an – es bedrückt uns, wir seufzen darüber.

Zum Schluß dieser kurzen Besprechung des hebräischen Alphabets will ich noch darauf aufmerksam machen, daß es fünf Buchstaben darin gibt, die etwas anders geschrieben werden, wenn sie am Ende eines Wortes stehen: *Kaf, Mem, Nun, Peh* und *Zade.*

Ferner will ich darauf hinweisen, daß alle hebräischen Buchstaben oben an der Zeile hängen, nicht – wie bei uns – auf der Zeile stehen. Dieses Hängen soll ausdrücken, daß die Buchstaben von oben, vom Himmel, abhängen, von dorther kommen. Wenn eine Thora-Rolle geschrieben wird, so werden zuerst mit einem spitzen Gegenstand die Zeilen eingraviert – ohne sie darf nicht geschrieben werden.

Und schließlich wollen wir uns ins Gedächtnis zurückrufen, daß es eine ganze Reihe von Buchstaben gibt, die verschieden ausgesprochen werden, was für den Laien dadurch kenntlich gemacht wird, daß sie einen Punkt aufweisen bzw. daß dieser Punkt fehlt. Es sind dies die Buchstaben *Beth, Kaf, Peh, Schin* und *Taw.*

Es sind also im ganzen 22 Buchstaben. Die Zahl 22 ist – wie wir aufgrund des Gesagten gut verstehen können – identisch mit dem Begriff der Formwerdung und der Verbannung, des Exils dieses Lebens. Was Form geworden ist, ist aus einer anderen Welt verbannt in diese Welt. 22 ist also gewissermaßen eine traurige Zahl und eine fröhliche Zahl. Man freut sich, wenn man ein Kind bekommt oder wenn man ein Buch herausgebracht hat, aber gleichzeitig hat man auch das Gefühl, daß nun etwas die Form des Exils angenommen hat – es ist nicht das, was man eigentlich wollte. Also wieder der Zwiespalt, die Doppelheit, von der wir sprachen. Deshalb wird erzählt, daß Jakob 22 Jahre von Isaak getrennt war. Der Sohn sieht den Vater 22 Jahre lang nicht. Auch Joseph ist genau 22 Jahre von seinem Vater Jakob getrennt. Das ist kein Zufall, sondern darin drückt sich ein Gesetz aus.

Wir können auch so sagen: Mit den 22 Buchstaben läßt sich alles ausdrücken, was in dieser Welt der Formwerdung geschieht.

So hat jeder Buchstabe seine Bedeutung als Laut und als Verhältnis oder Zahl, die hinausweist über diese Welt und zu einem Tor bzw. zu einer Brücke in die andere Welt wird. Das ist ganz abstrakt wirksam im Bild des Wortes, dem Eindruck, welchen das Wort macht, und es führt in eine Welt, wo unser Empfinden aufhört, aber etwas anderes da ist. Das Wort ist also das Tor zu etwas anderem. Man muß sehr vorsichtig mit ihm umgehen, man darf damit nicht spielen.

Kapitel IV Das Universum des Wortes

1. Das Geheimnis des Wortes

Kehren wir nun wieder zurück zum Schema des zweiten Schöpfungsberichtes auf S. 65. Der »Dampf«, der aufsteigt und die Erde befeuchtet, wird in der Thora *ed* genannt. Hebräisch wird dieses Wort mit *Alef* und *Daleth* geschrieben, in Zahlen daher 1–4 (s. Tabelle auf S. 142). Es steht im Schema rechts oben. Darunter steht der »Fluß«, welcher ausgeht von Eden und sich teilt in vier Ströme. Der eine Fluß teilt sich in vier Ströme, so daß wir das Verhältnis 1–4 erhalten, wie das Wesentliche des Dampfes, das ja auch 1–4 ist.

Die vier Ströme sind nicht an erster Stelle geographische Begriffe, obwohl sie die Namen Pison, Gihon, Hiddekel und Euphrat (Gen. 2, 11–14) tragen. Vielmehr wollen sie zeigen, daß die Eins sich in vier teilt, und wie die Vier sich äußert, wenn sie sich konkretisiert.

Auf dem zweiten Platz des Schemas, links oben, steht der »Mensch«. Hebräisch heißt Mensch *adam,* in Zahlen ausgedrückt: 1–4–40. Wir sehen hier wiederum die 1–4. Die 40 ist ja nichts anderes als die 4 in einer höheren Dezimalstelle, auf einer »anderen Ebene«, auf einem anderen Niveau. Wenn Dampf im Wesen 1–4 ist, so zeigt sich nun, daß der Mensch eine weitere »Ausarbeitung« in einer bestimmten Richtung ist: Aus der 1–4 wird die 1–4–40.

Den Leib des Menschen machte Gott der Herr aus Erde. Erde, Erdboden ist hebräisch *adama,* 1–4–40–5, ist also ebenfalls eine Entwicklung des 1–4-Prinzips.

Die »Formel« des Wesens Mensch sahen wir in 1–4–40. »Wahrheit« ist hebräisch *emeth,* 1–40–400. Wie die 4 zur 40 wurde, so wird hier die 40 zur 400. Im Zahlenwert zeigen daher *ed* (Dampf), *adam* (Mensch) und *emeth* (Wahrheit) eine Verwandtschaft. Läßt man im Wort Mensch, 1–4–40, die Eins weg, so bleibt 4–40 übrig, das Wort für Blut, das *dam* lautet. Tut man dasselbe mit dem Wort für Wahrheit *(emeth),* 1–40–400, bleibt *meth,* 40–400, übrig, was »Toter« oder »tot« bedeutet.

Wir sehen daraus, daß die Verbindung oder deren Fehlen mit der

1, mit dem *Alef,* das Wesen des Wortes vollständig ändert. Mensch
ohne 1 ist nur Blut; Wahrheit ohne die 1 am Anfang ist »tot«. Da aber
106 die Worte für Mensch und Wahrheit in ihrer Struktur nur einen
Niveauunterschied haben, sehen wir auch einen Zusammenhang
zwischen »Mensch« mit der 1 als »Leben« und ohne die 1 als »Tod«.

An diesen Beispielen zeigt sich die Bedeutung der 1, der »alles umfassenden Eins«. Es ändert die Sitution radikal, ob die Eins dasteht oder ob sie fehlt.

Um nicht den Eindruck zu erwecken, daß die ganze hebräische Sprache auf dieser Formel 1–4 aufgebaut sei, gebe ich noch einige andere Beispiele.

Das Wort Schlange heißt hebräisch *nachasch,* also 50–8–300. Das Wort für Fall oder fallen ist *naphol,* 50–80–30. Fallen bedeutet jedoch von einem höheren auf ein tieferes Niveau hinabsteigen. Das Wort für die »leibliche Seele« ist *nefesch,* also 50–80–300. Schlange, 50–8–300, Fall, 50–80–30, und leibliche (tierische) Seele, 50–80–300, zeigen daher einen deutlichen, wesentlichen Zusammenhang. Was uns gefühlsmäßig verwandt erscheint, wird im Hebräischen mit abstrakter Genauigkeit offenkundig.

Die Struktur, welche hier als Beispiel dient, nämlich 5–8–3, kann jedoch auch in anderer Reihenfolge auftreten. So heißt zum Beispiel Weinstock *gephen,* also 3–80–50. Hier ist die Struktur 5–8–3 umgekehrt. Daß jedoch irgendwo ein Zusammenhang besteht oder bestehen kann, wissen wir zum Beispiel aus dem Versinken im Weinrausch.

Kehren wir nun nochmals zurück zum gefundenen 1–4-Prinzip. Immer wieder werden wir darin das Grundschema, die Grundformel der Welt erkennen. In einem gewissen Sinn ist dies der Kern, der sich in allen ihn umringenden Kreisen oder Schalen äußert und in ihnen projiziert ist.

Selbst in der leiblichen »Kristallisation« des Menschen erkennen wir diese 1–4-Struktur. Der Daumen der Hand steht wie eine 1 gegenüber den 4 Fingern und ist ja besonders typisch für den Menschen. Früher sah man den menschlichen Leib ebenfalls in dieser Struktur.

Der Kopf war die 1 gegenüber den 4 Teilen des restlichen Leibes: der Rumpf bis zu den Hüften, hinunter bis zu den Knien, bis zu den Knöcheln und schließlich die Füße.

Wir gehen nun über zur mittleren Kolonne im Schema des zweiten Schöpfungsberichtes (vgl. S. 65). In der Mitte des Gartens Eden stehen zwei besondere Bäume. Es sind dies der »Baum des Lebens« und der »Baum der Erkenntnis des Guten und Bösen« (Gen. 2, 9). Im Schema werden unter 4 diese Bäume im Garten angegeben. Als 7 kommt das Gebot: »Du sollst essen von allerlei Bäumen im Garten, aber von dem Baum der Erkenntnis des Guten und Bösen sollst du nicht essen« (Gen. 2,16–17).

Der Baum des Lebens heißt hebräisch *ets hachajim,* in Zahlen 70–90 und 5–8–10–10–40. Der Baum der Erkenntnis heißt *ets hadaäth tob wara,* 70–90, 5–4–70–400, 9–6–2, 6–200–70 (*ets,* Baum; *tob,* gut; *ra,* böse).

Wir sind jetzt in der mittleren Kolonne, der Kolonne der Doppelheit, des Zweifachen. Zwei Bäume stehen hier einander gegenüber. Es ist aber auch die Kolonne des Kindes, das sowohl vom Vater wie von der Mutter etwas in sich trägt. Darum auch sind die Eigenschaften durcheinandergemengt. Daher wird auch das Prinzip 1–4 auf eine andere Art zum Ausdruck kommen, nämlich in einer verborgenen Weise.

Zählt man die Buchstaben als Zahlen zusammen, wird es deutlicher. Der Baum des Lebens besteht aus 70 + 90 + 5 + 8 + 10 + 10 + 40 = 233. Die Bausteine des Baumes der Erkenntnis von Gut und Böse sind 70 + 90 + 5 + 4 + 70 + 400 + 9 + 6 + 2 + 6 + 200 + 70 = 932. 4 × 233 ergibt aber 932, so daß auch hier wieder das Verhältnis 1 : 4 oder 1–4 vertreten ist. Nicht im einzelnen Baum ist die 1–4 enthalten, sondern im Verhältnis der beiden Bäume zueinander. Der Baum des Lebens repräsentiert daher die 1 und der Baum der Erkenntnis die 4.

Man wird nun auch die Bedeutung der 1 im Aufbau der Worte für Mensch und Wahrheit besser verstehen. Die 1 ist Ausdruck des Begriffes »Baum des Lebens«. Das Fortlassen der 1 bedeutet also »tot«. Das »Nehmen« nur der 4, das Essen vom Baum der Erkenntnis, bedeutet das Sterbenmüssen, das, wie Gen. 2, 17 lehrt, mit dem »Nehmen vom Baum der Erkenntnis« verbunden ist.

108 Man kann das Schema des zweiten Schöpfungsberichtes auch so aufzeichnen:

Mensch		Dampf
1–4–40	Der Baum des Lebens 1	1–4
	Der Baum der Erkenntnis 4	
Der Mensch im Garten		Der Fluß
1–4–40	Gebot an den Menschen	1–4
gegenüber dem Baum 1	1–4–40	
und dem Baum 4	nicht zu essen vom	
	Baum 4, nun da der Mensch	
	dem Baum 1 und Baum 4	
	gegenübersteht	

Da der Leser vielleicht etwas beeindruckt ist durch die bis jetzt erreichten Resultate, ist es Zeit, ihn zu warnen vor der Versuchung, nun allerlei Worte der Bibel in der gezeigten Weise aufzuschreiben. Es ist doch, wie ich hoffe, deutlich geworden, daß hier nicht mit Zahlen gespielt wird, um etwas zu beweisen. Jede Arbeit mit Zahlen muß als Basis ein Prinzip haben, das immer seine Gültigkeit behält. Das gefundene Prinzip ist nichts »Gesuchtes«, aber ebensowenig kann es Zufall sein. Das Prinzip 1–4 spricht zu deutlich in allem mit. Man wird daher einsehen müssen, daß hier eine wunderbare Gesetzmäßigkeit, ein System vorhanden ist, wie in der Schöpfung selbst, im Universum und im Leben.

Von der Schöpfung kann man »wissenschaftlich« sagen, daß sie Milliarden Jahre dauerte. Ist die Bibel auch durch Milliarden Jahre lange Selektion oder Entwicklung usw. entstanden? Wenn das nicht der Fall ist, wie entstand dann ihre wunderbare Struktur?

Welcher Schreiber konnte Worte ersinnen, Sätze zusammenstellen und eine passende Erzählung erfinden, so daß »Dampf« gerade 1–4 ist und »Mensch« 1–4–40; daß das hebräische Wort für Baum des Lebens genau jenen Zahlenwert hat, welcher im Verhältnis 1 : 4 zu jenem des Baumes der Erkenntnis steht? Wenn man dies realisiert, wird man begreifen, daß die Bibel (die Thora) ein ganz besonderes Buch ist. Dann wird aber auch deutlich, warum vom ursprünglichen Text der Bibel kein Jota verändert werden konnte; weil damit auch die Struktur verändert würde und schließlich nichts anderes übrig bliebe als eine »Erzählung«, als viele verschiedene Geschichten.

2. »Im Anfang ...«

Die Bibel beginnt ihre Mitteilungen für den Menschen mit den Worten: »Im Anfang ...« (Luther übersetzt: »Am Anfang ...« Martin Buber, wie auch die Vulgataübersetzung von Allioli, aber auch die englischen Übersetzungen sagen: »Im Anfang.« Nicht »am« Anfang gleichsam angehängt war »die Schöpfung des Himmels und der Erde«, sondern diese war ja der »Anfang« selbst!)

Um Worte richtig begreifen zu können, ist es nötig, daß man etwas von ihrer wesentlichen Struktur kennt. Das Wort »Im Anfang« lautet hebräisch *bereschith*, als Zahlenwerte 2–200–1–300–10–400.

Nicht nur beginnt dieses Wort und damit auch die Bibel (Thora) mit dem hebräischen Buchstaben *Beth*, also der Zahl 2, sondern dieses *Beth* ist in den hebräischen Bibeln größer geschrieben als die anderen Buchstaben. (Leider ist dieses »große« *Beth* sogar in der wissenschaftlichen Standardbibel von Kittel, *Biblia Hebraica*, weggefallen.) Dieses »große« *Beth* ist aber nicht eine Initiale, da alle anderen Bibelbücher oder Kapitel keine Initialbuchstaben zeigen. Zudem gibt es auch noch andere Buchstaben in der Bibel, welche größer oder kleiner geschrieben und gedruckt werden, obschon sie manchmal willkürlich mitten im Text stehen.

Diese große 2 wird uns verständlicher, wenn wir zurückdenken an unsere Betrachtungen des ersten Schöpfungsberichtes. Dort haben wir gesehen, daß die Schöpfung eigentlich eine »Zweimachung« ist, die Entstehung der »Zwei-heit«. Beginnend mit »Himmel und

Erde«, wird die Zweiheit fortgesetzt in Licht und Finsternis usw. (siehe Kapitel II).

Die große 2 gibt daher an, daß alles, was darauf folgt, durch diese 2 bestimmt wird, bis etwas anderes kommt, eingeleitet durch einen anderen Beginn. Zudem will diese 2 sagen, daß nun der Teil anfängt, der vorher die »Eins«, der ungeteilte, alles umfassende Zustand der Harmonie in der »Ein-heit« war.

Alles in unserer Welt wird eigentlich durch die Zweiheit beherrscht und bestimmt. Was immer wir auch messen, liegt zwischen den zwei Äußersten. Diese können 0 oder ∞ heißen, Leben oder Tod, Mensch oder Tier, gut oder böse, groß oder klein usw. Sie bestimmen unser Denken und Werten. Unsere Logik und Beurteilung, unser Begriff von der Kausalität, all dies wird bestimmt durch das Bestehen dieser 2.

Dort, wo die Bibel beginnt, beginnt die Welt der 2; ja, man kann sagen, daß die Bibel über die »Welt der 2« berichtet. Es ist jene 2, die mit der Zweiheit von Himmel und Erde beginnt. Sie drückt sich in den Dingen der Materie aus, jedoch nicht in der Materie allein. Sie gebraucht ja das Wort – und das Wort gibt eben das Wesen der Dinge wieder. In der Terminologie des 1–4-Prinzips ist die Bibel der Ausdruck von beiden, der 1–4 zugleich: von Wesen und Bild, von der 1 als dem Baum des Lebens und von der 4 als dem Baum der Erkenntnis. Das »Wesen« des Wortes liegt in der 1 des Prinzips, das Bild jedoch, worin das Wesen seinen materiellen Ausdruck findet, liegt in der 4 des Prinzips. Vielleicht fühlt man bereits, warum das Gebot gegeben wurde, nicht vom Baum der Erkenntnis zu essen, um nicht die Bilder der Dinge in sich aufzunehmen, weil dadurch der Weg zum Baum des Lebens gesperrt wird. Die Bibel, als Wiedergabe der Welt der 2, benutzt aber neben dem Wort als dem Wesen der Dinge auch die Bilder der Dinge. Nach dem 1–4-Prinzip also.

Alle Versprechen der Bibel beziehen sich auf die Erde. Das Volk Israel erhält schließlich das »gelobte Land«. Wenn man daher sagt, daß man in der Bibel nichts finden könne über das Leben im Jenseits, über den Sinn des Lebens, und diese Behauptung auf die biblische Erzählung in Bildern basiert, dann hat man vollkommen recht, obwohl man zugleich der Bibel Unrecht zufügt. Die Bilder können doch nur über diese Welt sprechen, da sie ja die Kristallisation in der Materie sind. Es ist töricht, von einem Bild, von einer Materialisation, zu erwarten, daß es etwas über das Jenseits aussagen soll, über den Sinn des Lebens, wenn der Sinn nicht nur in diesem Leben und in dieser Materie liegt.

Deshalb dient das biblische Wort als Brücke zwischen Bild und Wesen. Das Wort übermittelt, was das Wesen des Bildes ist. Es macht es uns möglich, in andere Welten einzudringen und damit den Sinn des Lebens zu erkennen. Aber wir müssen die Bilder stets mit dem Wesen verbinden. Dann erhalten auch sie ihren Sinn.

Warum jedoch gebraucht die Bibel nur Bilder, die einer bestimmten Zeit zugehören, warum gibt die Bibel eine ausführliche historische Erzählung aus dem Altertum? Warum erzählt sie von Schafen und Kamelen, von Zelten, Sklaven und Göttern des Altertums und nicht von Gewerkschaften, von Demokratie und UNO, wenn sie doch Ewigkeitscharakter hat oder vorgibt zu haben?

Die Antwort wurde bereits gegeben. Wie das Wesen der Dinge in der Materie kristallisiert und die Bilder formt, die den Raum füllen, so kristallisiert es auch in den Ereignissen und formt die Bilder, die unsere Zeit erfüllen. Raum und Zeit gehören in dieser Bilderwelt untrennbar zueinander. (Alles wird uns in Symbolen gezeigt.) Die Zeit-Erzählung der Bibel sagt uns daher, wie das Wesentliche in der Zeit kristallisiert, so wie die Bild-Geschichte erzählt, wie es im Stoff und im Raum kristallisiert. Die Zeit-Erzählung jener bestimmten Periode will eine Wiedergabe sein, die uns zeigt, *wie* sich das Wesentliche in jener Zeit ausdrückte. Man darf daher diese Zeit-Erzählung nicht ablösen vom Wesentlichen, das die biblischen Worte wiedergeben, wie man auch die biblischen Bilder von Menschen und Tieren nicht trennen darf vom Wesentlichen des Wortes.

Kehren wir nun wieder zurück zu unserer großen 2, mit der die Bibel beginnt und mit der sie den Stempel des Wesentlichen dieser Welt aufdrückt, die eine Welt der 2-heit ist.

Die 1 allein oder die 4 allein haben für diese Welt keinen Sinn. Diese Welt als die Welt der 2 verbindet die 1 und die 4 zu einem harmo-

nischen Ganzen, das wir kennen als 1–4. Wesen und Erscheinung, Wesen und Geschehen bilden eine Einheit.

Die 2 wurde von Gott erschaffen; denn: Im Anfang schuf Gott »Himmel und Erde«, schuf damit die 2, die sich nun in allem fortsetzt. Die Erde hat überall die 2-heit in sich. Sie war »wüst und leer«, und »es war finster auf der Tiefe«, wieder eine 2-heit, »und Gottes Geist schwebte auf dem Wasser« -wieder eine 2-heit.

Vor der 2-heit war die Ein-heit in allem. Aus der 1, also aus Gott, der alles in sich hat, machte Gott die 2. Wir erkennen den Weg 1 → 2.

Das hebräische Wort für Vater ist *ab,* in Zahlen 1–2. Als »erster« Vater tritt Gott auf, als er die 1–2 machte. Er ist damit der Vater der Schöpfung. Die 2 losgelöst von der 1 oder die 1 losgelöst von der 2 würden den Begriff Vater zerstören.

Mutter heißt hebräisch *em,* in Zahlen 1–40. Wir erkennen, daß die Mutter die folgende Phase ist. Aus der Zwei kommt ja als weiteste Entwicklung die 4, welche in der Ebene der Zehner zur 40 wird. Im Wort »Mutter« steckt daher wieder die 1–4, obwohl die 4 auf einem anderen Niveau liegt. Der Begriff »Mutter« erscheint ja auch erst auf einer anderen Ebene, nämlich erst dann, nachdem Mann und Weib den Garten Eden verlassen hatten – nach dem Genuß der Frucht des Baumes der Erkenntnis –, nachdem sie in eine andere Welt gekommen waren.

Vorausgreifend will ich hier schon mitteilen, daß Sohn hebräisch *ben,* 2–50, ist, und Tochter *bath,* 2–400. Begannen die Worte für Vater und Mutter mit der 1, so beginnen jene für Sohn und Tochter mit der 2 (mit *Beth*).

Die 2 entwickelt sich nun weiter, wird durch die Kraft der 2-heit zur 4 und hat sich damit selbst erfüllt – vollbracht. Die 4 ist die weiteste Entwicklung der 2. Wir sahen jedoch schon, daß die 4 sich in der 10 äußert (s. Seite 60), wie sie sich äußert in den 10 Schöpfungsworten. Im Gang durch die Schöpfungstage zeigt sich, wie eine Differenzierung, die 2-heit in ihrer Entwicklung, immer neue Formen annimmt. Es erscheint die Viel-heit der Pflanzenwelt am dritten, der Sternenwelt am vierten und der Tierwelt am fünften und sechsten Tag. In der zweiten Hälfte des sechsten Tages wird diese Vielheit in ihrer Entwicklung unterbrochen. Dann erscheint nämlich der Mensch als *ein* Wesen, das gegenüber der Vielheit um sich allein steht, wie Gott bis zu jenem Moment allein stand gegenüber der großen Vielheit, die er erschuf. Die Bibel drückt dies aus mit den Worten: »Und Gott schuf den Menschen ihm zum Bilde, zum Bilde Gottes schuf er ihn« (Gen. 1, 27).

Diese »Ein-heit des Menschen« gegenüber der Entwicklung einer stets größeren Vielheit bedeutet einen auffallenden Bruch der Entwicklung. Der Mensch wird auch prinzipiell auf ganz andere Weise erschaffen; ausdrücklich sagt ja die Bibel: »nach unserem Bild – nach Gottes Bild«. Dadurch ist im Menschen auch all das vorhanden, was sich vor ihm in der Vielheit ausdrückte. Das ist auch das Wesentliche in der Aussage, daß der Mensch herrschen soll über alle Tiere unter ihm. Was hier mit »herrschen« übersetzt ist, heißt hebräisch *redu,* was eigentlich »unter sich haben«, aber auch »absteigen« bedeutet. Darin ist dann ebenfalls die Möglichkeit und auch die Gefahr des »Absteigens« in die Welt der Vielheit seitens des Menschen enthalten.

Im Menschen ist alles Vorausgegangene ebenfalls enthalten, er hat »alles« unter sich, er ist eine Art Endpunkt der verschiedenen Fäden, die sich seit dem Beginn der Entwicklung immer weiter geteilt haben. Eine Skizze kann dies verdeutlichen; sie kann auch zeigen, wie die Fäden wieder zusammenkommen.

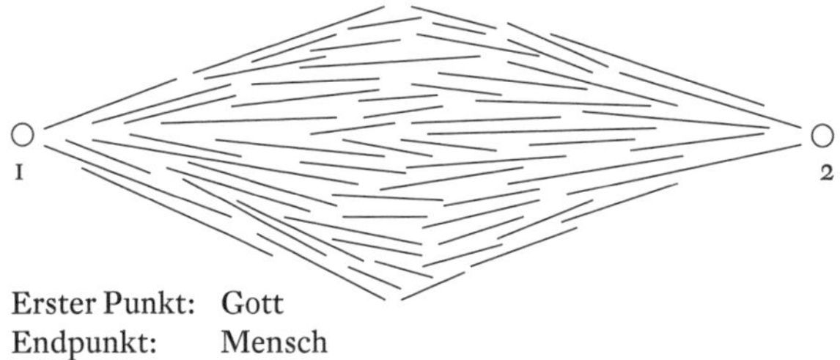

Erster Punkt: Gott
Endpunkt: Mensch

Der Endpunkt ist ein Bild und Gleichnis des Beginnpunktes. Der
Beginnpunkt, Gott, bevor die Schöpfung begann, schuf als Bild und
 Gleichnis den Menschen, womit die Schöpfung vollendet wurde.
Die Schöpfung wurde nicht etwa vollendet mit einer großen Vielheit,
sondern mit dem Menschen als Einheit, Einheit von Mann und
Frau.

Doch wieder zurück zum ersten Wort der Bibel, zum Wort *bereschith:*

Es besteht aus 6 Teilen, in Zahlen ausgedrückt: 2–200–1–300–10–400. Das zweite Wort der Bibel lautet *bara,* 2–200–1, schöpfen (Im Anfang schuf ...). Das Wort beginnt ebenfalls mit der 2. Schöpfen ist ja im Wesen identisch mit der Zwei-machung, somit der Gegensatz der Einheit. Die Vielheit steht gegenüber der Einheit. In *bara* erreicht jedoch die 2 ihre größte Differenzierung in der Ebene der 200. Nach der Zahl 200 folgt wieder die 1, was sagen will, daß die Schöpfung erst dann vollendet ist, wenn aus der Vielheit alles zurückgebracht worden ist zur Einheit, zur 1, welche vor der Schöpfung bestand. Wir sehen also, wie dieses Wort in seinem Wesen die Struktur erhält, welche sich ausbreitet, sich ausdrückt in Bildern und Ereignissen in der Welt von Raum und Zeit.

Wir sehen auch weiterhin, daß schon die ersten Teile des Wortes »Im Anfang« die Entwicklung festlegen. Die ersten drei Buchstaben, die ersten drei Zahlen der Bibel, haben ja ebenfalls die Zahlenwerte 2–200–1. Auch sie deuten darauf hin, daß aus der 2 die Vielheit der 200 kommt, jedoch wieder zurückkehrt zur 1. Wir können auch sehen, daß die Welt nicht verlorengeht in einer immer weiter gehenden Teilung, sondern daß sie zurückkehren muß zur Einheit.

Hier noch eine kleine Bemerkung über ein Wort, das sich aufdrängt: das Wort 1–2, *ab,* Vater. Kehrt man dieses Wort um, so erhält man 2–1, das hebräische Wort für »kommen«. Kommen, ankommen, ist jedoch das Erreichen eines Zieles, ein Zusammenkommen, gleichsam auch ein »Einsammeln«.

In der Struktur der Welt ist dies ein Zurückkommen zum ursprünglichen Zustand, ein Wieder-nach-Hause-Kommen.

Die Struktur des Wortes (oder des Begriffes) »schöpfen« enthält daher bereits gesetzmäßig die Erschaffung der großen Vielheit bis zum Äußersten, aber auch die Rückkehr zur 1, zum Ursprung, zum Schöpfer.

Der Mensch, als Bild und Gleichnis Gottes, ist, nach der Entwicklung der Schöpfung, diese 1. Er ist allein, Eins, wie Gott im Beginn allein ist, Eins ist.

In Gen. 1, 26 heißt es: »Und Gott sprach: Lasset *uns* Menschen machen …« Nach einer alten Überlieferung (Talmud Babli, Sanhedrin 38 b; Midrasch Rabba, Bereschith 17:5; Midrasch ha Neëlam) bezieht sich dieses »uns« auf die ganze Schöpfung, auf alles bisher Gemachte, von den Engeln bis zu allen Geschöpfen auf Erden. (Aus der Vielheit entsteht der Mensch.) Dieses »uns« ist daher nicht eine Art pluralis majestatis.

Der Mensch als Gipfelpunkt der Schöpfung, der Entwicklung, könnte sich noch weitgehender frei machen, noch weiter vom Ursprung entfernen. Er würde dann nach seinem eigenen Urteil leben und nach den Maßstäben seiner Erfahrungen. Er könnte sogar die Bindung mit dem Ursprung abbrechen, ja sich die ganze Welt untertan machen. All dies liegt in der Formel der Schöpfung, im Teil 2–200. Er könnte in seinem Freiheitsdrang noch weiter gehen, aus der 2 die 4 machen und von dieser bis zum äußersten Punkt, bis zur 400 vorstoßen. Da die 400 die »letzte Zahl« ist, der Wert des letzten Buchstabens, ist sie der Ausdruck der äußersten Entwicklung auf materiellem Gebiet, der äußersten Möglichkeiten. Die Vielheit der 2 und der 200 kommt aber nicht zum Menschen, um weiterentwickelt zu werden zur 4 und 400, sie sollte vielmehr zurückgebracht werden zur 1. Wohl besteht die Alternative, daß der Mensch über die 2 hinausgeht. Wir werden die Konsequenz davon noch zu besprechen haben. Die Folgen sind bereits ausgedrückt in den weiteren drei Buchstaben des »Schlüsselwortes«, in den Buchstaben 300–10–400.

Wir können die Alternative in einer Skizze verdeutlichen:

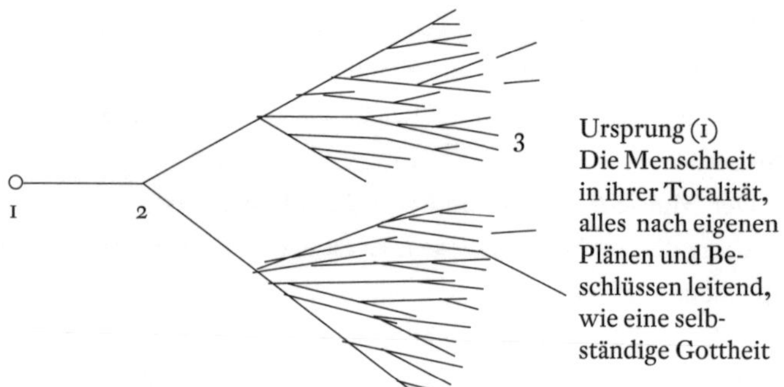

Wichtig erweist es sich, das Wort »schöpfen« in seiner vollen Bedeutung zu erkennen, nämlich, daß es auch die Rückkehr einschließt. Obwohl unsere Wahrnehmungen auf eine immer weiter gehende Entwicklung hinweisen, zeigt uns die Formel 2 – 200 – 1 bereits, daß ein »Zurückkehren«, ein Sich-«Umdrehen« in ihr enthalten ist. Nur, für den Menschen, der in der 2 – 200 lebt, ist diese Möglichkeit unsichtbar. Unsere obige Skizze wäre daher zu verändern in:

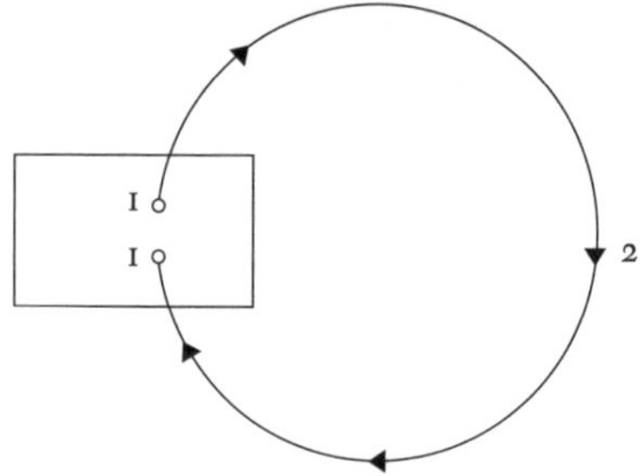

Die Entwicklung zur Vielheit kann man sich auch vorstellen als eine Serie von Kreisen um einen Mittelpunkt oder als verschiedene konzentrische Schalen um einen Kern. Die Umhüllung des Kerns ist ein mit der Zeit fortschreitender Prozeß.

In den alten mystischen Vorstellungen wurde das Bild der »Schalen um den Kern« oft gebraucht. Diese Schalen werden dann mit dem hebräischen Wort *klippôth* (Plural) bezeichnet. Mit diesem »Bild«

wird angenommen, daß sich das Licht des Kerns verdunkelt, je weiter sich die Vielheit entwickelt.

Das erste Wort der Bibel geht weiter. Wir kennen erst seinen ersten Teil, mit den Werten 2–200–1. Es folgt aber noch der Teil 300–10–400.

Der Mensch steht im zweiten Schöpfungsbericht bis zur Schlußphase als »Adam« allein. Erst dann wird durch »Gott den Herrn« die Frau erschaffen, nachdem er dem Menschen eine »Rippe« weggenommen hatte. Dann sind zwei Menschen da, Mann und Männin (Gen. 2, 21–23).

Im ersten Schöpfungsbericht ist die Erschaffung der Frau, der »Männin«, viel kürzer erzählt. Man kann sogar, wenn man nicht sehr aufmerksam ist, über diese Erschaffung hinweglesen. In Gen. 1, 27 steht: »Und Gott schuf den Menschen ihm zum Bilde, zum Bilde Gottes schuf er *ihn;* und schuf *sie* Mann und Weib.« Erst ist daher deutlich ein Wesen: »ihn«, aber viel rascher als im zweiten Schöpfungsbericht folgt dann: »schuf er *sie«* – die Mehrzahl ist da.

Parallel zur Mitteilung über die Schöpfung von »Frau und Mann« im ersten Bericht und der Ausarbeitung im zweiten mit der Mitteilung, daß Gott es nicht für gut befand, daß »der Mensch allein sei«, steht nun der Wortteil 300–10–400 im Schlüsselwort *bereschith.* Wir können die beiden Schöpfungsberichte und ihren Zusammenhang mit dem Kern- oder Schlüsselwort wie folgt aufzeichnen:

Das erste Wort als Kern für den Rest des Berichtes	2 – 200 – 1 b – r – e	– 300 – 10 – 400 – sch – i – th
Der 1. Schöpfungsbericht, als erster Kreis um den Kern.	Vielheit, aus der Erschaffung der 2, weitergehend in die große Vielfalt. Wird jedoch wieder zur 1.	Der eine Mensch wird Mann und Weib, und dann folgen das 9. und 10. Schöpfungswort.
Der 2. Schöpfungsbericht, als ein zweiter, viel weiterer Kreis um den Kern und um den ersten Kreis.	Vielheit, aus der Schöpfung, nun nach dem Prinzip 1–4, mit dem Menschen im Garten Eden, als *ein* Wesen, mit einem Auftrag im Garten.	Der Mensch bleibt nicht allein, er erhält das Weib, und dann beginnt die Sündenfallgeschichte, die Vertreibung aus dem Garten Eden.

Das, was konzentriert anwesend ist im Verhältnis 300–10–400, spielt sich im ersten Schöpfungsbericht von dem Moment an ab, in welchem der Mensch als 2-heit erscheint, und geht weiter durch den Teil, worin Gott das 9. und 10. Schöpfungswort spricht, die Worte über die »Fruchtbarkeit« und über das »Essen«. Im zweiten Schöpfungsbericht beginnt dieser Teil dort, wo Gott sagt: »Es ist nicht gut, daß der Mensch allein sei«; dann wird das Weib erschaffen, es kommt die Erzählung von der Schlange und die Vertreibung aus dem »Paradies«.

Der Leser wird bereits eine Parallele entdeckt haben. War nicht die Zahl des Mannes die 3 und die der Frau die 4 (s. Seite 57), also jene Zahlen, welche hier als 300 und 400 einander gegenüberstehen?

So wie ich dem ersten Teil des Wortes »Im Anfang«, *bereschith,* im ersten Schöpfungsbericht folgte, so will ich nun dem zweiten Teil des Wortes im zweiten Schöpfungsbericht folgen.

3. Das Wunder des göttlichen Namens

Im zweiten Schöpfungsbericht ist der Mensch in Bewegung. Sobald er der aus ihm genommenen Frau gegenübersteht, kommt es zu der Begegnung mit der Schlange, die Frucht vom Baum der Erkenntnis wird gegessen, die Menschen verbergen sich vor Gott, es folgt das Gespräch mit Gott und die Vertreibung aus dem Garten Eden. Die Geschichte von Kain und Abel ist voll Bewegung, und sie setzt sich fort bis zum Ende der Thora.

Der zweite Schöpfungsbericht hat einen Wassercharakter (s. Seite 65 ff). Das hebräische Wort für Wasser lautet *majim,* 40–10–40. Das Wort für Meer ist *jam,* 10–40. In beiden erkennen wir die 1–4-Struktur.

Im zweiten Schöpfungsbericht verschiebt sich die Welt deutlich zur »Wasserseite«, zur Seite der Frau, zur linken Seite, dorthin, wo im ersten Schöpfungsbericht das Wasser als 40–10–40 schon stand (s. Seite 50). Es scheint daher, daß sich der zweite Schöpfungsbericht in einer anderen Art Welt abspielen soll. Die Bühne wird von der Seite des »Lichtes« und der 2 verschoben in eine Welt des Wassers und der 4.

Wir wissen, daß das Licht eine große Geschwindigkeit hat, verglichen mit dem trägeren Wasser. Was durch die irdische Zeitdauer beherrscht wird, ist träge gegenüber der überirdischen Geschwindigkeit des Lichtes. Die Trägheit, die sich in der Struktur 1–4 und im Wasser äußert, tritt uns in der Bibel stets als Dauer entgegen. Es dauert immer sehr lange, eigentlich »unendlich« lange. Die Knechtschaft in Ägypten dauerte 400 Jahre, der Zug durch die Wüste 40 Jahre. Mose blieb 40 Tage auf dem Sinai, Davids Regierung dauerte 40 Jahre, in der Sintfluterzählung kommen einige Male 40 Tage vor, Elia ist 40 Tage in der Wüste (1. Könige 19, 8).

Das hebräische Wort für Wasser ist zugleich der Name des Buchstabens *Mem* und der Zahl 40. So drücken 40 und 400 etwas aus, das sehr lange dauert, eigentlich unendlich lange. Ist die 4 nicht auch die letzte Zahl des Kernzyklus 1, 2, 3, 4? Der zweite Schöpfungsbericht hat den Wassercharakter, jenen der linken Seite, und damit die Trägheit der Zeit. Damit aber hat er auch den weiblichen Charakter. Wird nicht eigentlich der zweite Schöpfungsbericht geradezu bestimmt durch die Frau? Erst kommt die ausführliche Mitteilung, warum die Frau erschaffen wird – und dann, als sie da ist, übernimmt sie die Initiative. Die Erzählung mit der Schlange ist die Geschichte von der Frau und der Schlange. Der Mann ißt, nimmt also passiv an, was ihm die Frau gibt.

Der Leser erinnert sich an den Patriarchen der linken Seite, an den passiven Isaak (s. Seite 55). Die Frauen werden in der Bibel immer bei einem Brunnen gefunden, sie schöpfen Wasser, tränken das Vieh. Dort findet Abrahams Knecht Rebekka als Frau für Isaak, dort findet Jakob später Rahel, dort findet auch Mose seine Frau Zippora (Ex. 2,16–21).

Da ich nun mit der Besprechung des Charakters der Zeit begonnen habe, muß ich auch noch eine andere Facette des zweiten Schöpfungsberichtes erwähnen. Dieser nennt Gott immer »Gott den Herrn«, wogegen der erste Schöpfungsbericht nur »Gott« sagt. Es ist wohl ohne weiteres deutlich, daß auch dieser Unterschied in der Bezeichnung seine prinzipielle Bedeutung haben muß.

Das Wort, welches wir mit »Gott« übersetzen, lautet hebräisch *Elohim.* Mit seiner »im«-Endung hat es den Pluralcharakter. Trotzdem wird der Name Gott strikt als eine Einheit betrachtet. Es ist Gott, welcher alles in sich enthält und der aus sich die Schöpfung hervorgehen ließ, jene Schöpfung mit dem Charakter der Vielheit und mit der Struktur der sechs Schöpfungstage.

Die Schöpfung beginnt am ersten »Tag« mit den Worten: »Und Gott sprach: Es werde Licht!« Dieses Licht bestimmt den Charakter des ersten Schöpfungsberichtes, der sich durch das Vorherrschen des Lichtes »schnell« abspielt. Der Schöpfungsprozeß breitet sich kreisförmig oder schalenförmig aus über enorme Abstände. In diesem Kern geschieht alles mit Blitzesschnelle, in einer Sphäre, in der unser Begriff »Zeit« keine Rolle spielt. Darum kommt in der Bibel immer wieder die Angst zum Ausdruck, »Gott zu sehen«. Ein Kontakt mit dieser Welt der Konzentriertheit und der unvergleichlichen Schnelligkeit würde einen Menschen augenblicklich verzehren.

Im zweiten Schöpfungsbericht, in jenem mit dem Wassercharakter, läuft alles viel träger ab, mehr in der »irdischen Zeit«. Gott wird mit den Worten »Gott der Herr« bezeichnet. Dieser Name wird hebräisch mit einem *Jod,* 10, einem *He,* 5, einem *Waw,* 6, und als letzter Buchstabe wieder einem *He,* 5, geschrieben.

Er wird aber nicht auf diese Weise ausgesprochen, weil der Mensch durch die Aussprache etwas kreiert, schafft, was eine ganz besondere Kraft besitzt. Nur unter ganz besonderen Umständen und an einem besonderen Ort durfte dieser Name ausgesprochen werden (Talmud Babli, Joma 66 a), nämlich am zehnten Tag des siebenten Monats, am großen Versöhnungstag – also nur einmal im Jahr –, wenn der Hohepriester das Allerheiligste betritt.

Man spricht jetzt diesen Namen aus als *Adonai,* was Herr bedeutet. Die genannten vier Buchstaben enthalten aber einen ganz anderen Namen, und diesen Namen spricht man also nicht so aus, wie er geschrieben ist.

Betrachten wir nun das Geheimnis dieses »heiligen Namens«. Er besteht aus vier Buchstaben, das Tetragramm, und wir erinnern uns,

daß die Vier den zweiten Schöpfungsbericht kennzeichnet. Auch erinnern wir uns an die 4, die sich in der 40 und 400 stets als »Zeit von
122 dieser Welt« äußert.

In der Überlieferung (Kabbala) wird diesem Namen große Aufmerksamkeit geschenkt. Die Kenntnis dieses Namens – hebräisch *schem,* gibt tiefe Einsicht und verleiht große Kräfte. Ein *baal-schem* ist jemand, der diese Kenntnis besitzt.

Dieser Name besteht aus den Bestandteilen 10 + 5 + 6 + 5 = 26. Nun kann man diesen Namen aber anders lesen. Die Überlieferung lehrt, daß man anstelle von jedem der vier Buchstaben auch den voll ausgeschriebenen hebräischen Namen dieser Buchstaben einsetzen kann. Es ergibt sich dann:

Jod	(10 + 6 + 4)	= 20
He	(10 + 5)	= 15
Waw	(6 + 10 + 6)	= 22
He	(10 + 5)	= 15
		72

Nun sind diese 72 auch verborgen in den 10 – 5 – 6 – 5, wenn man die Rechenweise der Überlieferung anwendet. In ihr läßt man den Namen vom 1. Buchstaben an wachsen – zum 2., zum 3. und schließlich zum 4. So erhält man:

1. Buchstabe	10	10
1. Buchstabe und 2. Buchstabe	10 + 5	15
1. und 2. und3. Buchstabe	10 + 5 + 6	21
1. und 2. und 3. und 4. Buchstabe	10 + 5 + 6 + 5	26
		72

Diese Zahl 72 als Ausdruck des Namens Gottes spielt in der Kabbala eine große Rolle. Man bezeichnet diesen Namen als *Schem-ajin-beth,* das heißt »Der Name 72«. Man kennt auch 72 Namen Gottes, die alle ganz besondere Bedeutung und Kraft haben.

Die biblische Erzählung bis zur Offenbarung auf dem Sinai (Ex. 19 und 20) bildet nach der Überlieferung einen Zyklus, der selbständig ist. Mit der Offenbarung auf dem Sinai wird ein Weg abgeschlossen, der im Garten Eden begann, als der Mensch vom Baum der Erkenntnis aß und seinen Weg durch die Welt antrat (Talmud Babli, Jebamoth 103 b u. Aboda Sara 22 b).

Die Offenbarung bedeutet, daß Gott auf dem Sinai wieder zur Erde herabstieg, womit der Zustand des Beginns wiederhergestellt wurde. Mit diesem Herabsteigen Gottes offenbarte sich der Sinn des Daseins, jener Sinn, der in den Worten der Bibel ausgedrückt wird.

Die Zeitperiode, wie die Bibel diese berechnet, vom zweiten Schöpfungsbericht bis zur Offenbarung auf dem Sinai, wird von der Überlieferung in vier Teile unterteilt. Die Grenzen dieser Teile liegen dort, wo viermal – und nicht mehr als viermal – im Pentateuch (= die 5 Bücher Mose) zu Beginn die Worte stehen *ele toldoth,* zu übersetzen mit »dies sind die Geburten« oder »dies sind die Geschlechter«.

Die erste *ele toldoth* gibt die Bibel beim Beginn der zweiten Schöpfungsgeschichte (Gen. 2, 4). (Der Ausdruck ist in der Luther-Übersetzung nicht mehr zu erkennen, denn dort steht: »Also ist Himmel und Erde geworden.»)

Die zweite *ele toldoth* steht in Gen. 6, 9 (»Dies ist das Geschlecht Noahs ...«).

Die dritte *ele toldoth* findet man in Gen. 11, 10 (»Dies sind die Geschlechter Sems ...«).

Die vierte *ele toldoth* steht in Gen. 37, 2 (»Und das sind die Geschlechter Jakobs ...«).

Auffallend ist, daß es gerade vier solche »Geschlechtsregister« gibt. Vier, und nicht mehr. Es ist wieder die Vier, die Zahl der weitesten Entwicklung.

Wir haben jedoch schon gesehen, daß die 4 eigentlich 10 mögliche Situationen enthalten kann (s. Seite 60 f); daher sollten die 4 *ele toldoth* auch 10 *toldoth* enthalten, wie die 4 Schöpfungstaten des ersten Zyklus insgesamt die 10 Schöpfungstaten enthielten. Die Systematik der Bibel zeigt, daß dies tatsächlich der Fall ist. Neben den genannten 4 *ele toldoth* enthält die Bibel auch noch »Geschlechtsregister«, die mit den vorhergegangenen direkt verbunden sind, nicht losgelöst stehen. Diese sind gekennzeichnet durch die Verbindung *we.* Das *Waw* vor einem Wort übersetzt man durch »und«. Der Name nun des Buchstabens *Waw* und der Zahl 6 heißt übersetzt »Haken«. Es ist deshalb ein Haken, der die zwei Teile verbindet. Diese mit einem *Waw* verbundenen *ele toldoth* nennt man daher *we-ele toldoth.* Solche gibt es 6 bis zur Offenbarung auf dem Sinai; sie stehen an den folgenden Bibelstellen:

1. *we-ele toldoth* in Gen. 10, 1, wo in der Luther-Übersetzung steht: »Dies ist das Geschlecht der Kinder Noahs ...«
2. *we-ele toldoth* in Gen. 11, 27: »Dies sind die Geschlechter Tharahs ...«
3. *we-ele toldoth* in Gen. 25,12: »Dies ist das Geschlecht Ismaels ...«
4. *we-ele toldoth* in Gen. 25,19: »Dies ist das Geschlecht Issaks ...«
5. *we-ele toldoth* in Gen. 36,1: »Dies ist das Geschlecht Esaus ...«
6. *we-ele toldoth* in Gen. 36, 9: »Dies ist das Geschlecht Esaus ...« zum zweitenmal.

Die 4 *ele toldoth* bringen die 6 *we-ele toldoth* mit sich, so daß total 10 toldoth entstehen. In den deutschen Übersetzungen geht dieser feine Unterschied zwischen den *tie toldoth* und *we-ele toldoth* verloren. In den letztgenannten müßte eigentlich immer stehen: *»Und* dies ist das Geschlecht ...«

Das gebrauchte Wort für »Geburt« oder »Entwicklung«, Generation, Geschlecht kommt von *toled,* 400–30–4. Es hat dieselbe Struktur wie das Wort *daleth,* der Name des d, der 4, jedoch in umgekehrter Reihenfolge.

Daleth bedeutet Tür. Es ist die Tür, durch die man in das Haus, in das *Beth,* also in die Zwei, eingehen kann. Das *Beth* als Haus ist die 2 der Schöpfung. Durch *Daleth,* die 4 und Tür, kann man sich weg-entwickeln, das Haus verlassen – oder aber, nachdem man weg war, wieder in das Haus zurückkehren. Die Tür stellt daher die Alternative in der Welt als Haus dar.

Der erste Schöpfungsbericht, die Erzählung von den 6 Schöpfungstagen, von der »Geburt« der Welt, von ihrer Entwicklung im innersten Kreis um den Kern, enthält in der hebräischen Thora genau 434 Worte. Es ist dies der Totalwert sowohl von *Daleth* (4–30–400) als auch von *toled* (400–30–4).

Deutlicher haben wir nun gesehen, welche wunderbaren Zusammenhänge die Thora zeigt. Eine alte Überlieferung drückt dies wie folgt aus: »Gott schaute in die Thora – in den Pentateuch – und schuf mit deren Hilfe die Welt« (Midrasch Rabba, Bereschith 1 : 2). Wir sehen daraus, daß man die Bibel als etwas »Überirdisches« betrachtete, gleichsam als *Bauplan der Welt* – oder die *Welt als Siegel der Bibel.*

Zurück nun zum heiligen Namen. Der Name »Herr« besteht aus vier Buchstaben oder Zahlen: 10–5–6–5. Die vier »Geburtsgeschichten« oder »Generationenlisten« sind genau nach den Verhältnissen dieser Zahlen aufgebaut.

Es ist eigentlich der Name »Herr«, der festlegte, wie die Entwicklung der Geschlechter in der Zeit verlaufen müsse. Ihr Weg durch die »Weltgeschichte« liegt in der Struktur des Namens »Herr«; dieser Name bestimmt die Entwicklung. So hat der erste der vier Teile bis zur Offenbarung am Sinai, wie der erste Buchstabe des heiligen Namens, die 10 als Maß. In der ersten *ele toldoth* werden genau 10 Generationen, zehn Geschlechter, genannt. Diese zehn Geschlechter sind:

1. Adam	6. Jared
2. Seth	7. Henoch
3. Enos	8. Methusalah
4. Kenan	9. Lamech
5. Mahaleel	10. Noah

Die zweite *ele toldoth* hat in Übereinstimmung mit dem zweiten Buchstaben des Namens des Herrn 5 Geschlechter, nämlich:

1. Sem
2. Arpachsad
3. Salah
4. Eber
5. Peleg

Bei Peleg berichtet die Bibel: »Einer hieß Peleg, darum daß zu seiner Zeit die Welt zerteilt ward ...« (Gen. 10, 25). Es muß daher etwas Besonderes geschehen sein. Das hebräische Wort *peleg* bedeutet »zerspalten, in Stücke teilen«.

In der dritten *ele toldoth* erfolgt noch ein Rückblick bis Sem, wobei die Geschlechter bis Peleg wiederholt werden, scheinbar jedoch auf einer anderen Ebene, und zwar, weil es sich hier um die 6, also um einen Haken handelt, der in das Vorherige hineingreift, um es mit dem Nachfolgenden zu verbinden. Der Bruder des Peleg, Joktan, wird denn hier auch nicht mehr genannt.

Entsprechend dem dritten Buchstaben des heiligen Namens, der 6, kommen nun die 6 Geschlechter bis auf Isaak. Es sind dies:

1. Regu
2. Serug
3. Nahor
4. Tharah
5. Abraham
6. Isaak

In Übereinstimmung mit dem zweiten *He,* der zweiten 5, hat die vierte *ele toldoth* wieder 5 Geschlechter. Diese sind:

1. Jakob
2. Levi
3. Kahath
4. Amram
5. Mose

Das fünfte Geschlecht der vierten Liste ist jenes, das die Offenbarung am Sinai empfängt; das Geschlecht, dem Gott durch Mose sagt: »Ich bin der Herr und bin erschienen Abraham, Isaak und Jakob als der allmächtige Gott; aber mein Name HERR ist ihnen nicht offenbart worden« (Ex. 6,3).

Es ist das Geschlecht, mit dem der bedeutende Wendepunkt kommt, wonach die Bibel – hier der Pentateuch –, also die Erzählung von dem, was vorher war und nachher kommt, bekanntgemacht wird, gesehen wird, gelesen und gehört werden kann. Es kann jetzt in der Welt dasjenige sichtbar werden, in dem zugleich die ganze »Geschichte« der Welt in Raum und Zeit enthalten ist.

Fassen wir kurz zusammen: Der Name »Herr«, mit den 4 Buchstaben 10–5–6–5, wird vollständig ausgedrückt durch die vier Teile bis zur Offenbarung auf dem Sinai, mit welcher der Kreis wieder geschlossen wird. Die Bibel meldet bis zur Offenbarung 26 Geschlechter, somit den Totalwert des Namens Herr. Die einzelnen Gruppen dieser Geschlechter stimmen genau überein mit der Formel 10–5–6–5.

Der Herr drückt der Zeit den Stempel auf, gibt dem Geschehen Sinn und Bedeutung, formt die Struktur der Ereignisse. Wer dies begreift, wird nicht mehr historische Beweise für die Geschlechter suchen. Sie werden ja an erster Stelle für etwas viel Bedeutenderes genannt. Sie zeigen uns, daß alle Zeiten – mögen sie auch sehr weit zurück liegen – einen bestimmten Stempel trugen, den Stempel des Namens des Herrn. Nie geschah etwas zufällig, alles wurde gemessen mit einem überirdischen Maß, mit dem Maß des Namens des Herrn. Die Bibel erzählt, daß das Leben in der Zeit auf eine ganz bestimmte Weise geformt wurde, daß es von Gott gestempelt wurde.

Versteht man dies, so kommen uns die uralten Geschlechter näher. Sie teilen uns mit, daß der Herr in der Geschichte spricht, daß die Erzählung von diesen Geschlechtern sein Name ist, daß die Geschlechter kommen und gehen nach einem ganz bestimmten Plan, daß der Weg in seinem Wesen nichts anderes ist als der Name des Herrn.

Die Bibel wurde nicht dem Menschen gegeben als ein historisches Dokument, als eine Sammlung mehr oder weniger primitiver, mehr

oder weniger akzeptabler und eindrucksvoller Erzählungen. Wie ein Vater seinen Kindern, so erzählt sie uns, wie die Welt ist, warum sie so ist, was ihr Sinn ist und warum sie gut ist. Sie ist eine Offenbarung für alle Menschen, damit sie wissen, wozu sie hier sind, was ihr Weg und ihre Bestimmung ist.

Hat man das erkannt, wird man sich nicht mehr fragen, wie lange ein »Tag« der Schöpfung dauerte, welche Zeitrechnung vor der Sintflut galt und wann dies alles historisch geschehen ist.

Der Totalwert des Namens Herr, 26, äußert sich noch auf eine ganz besondere Weise. Der erste Buchstabe, das *Alef,* somit auch die 1, zeigt uns dies in seiner Form, die auch nicht zufällig ist (Fig. 1). Wir erkennen über und unter dem trennenden und zugleich verbindenden Strich (welcher der »Haken« ist) je ein *Jod,* also je eine 10. Schreiben wir Zahlen, so entsteht Fig. 2.

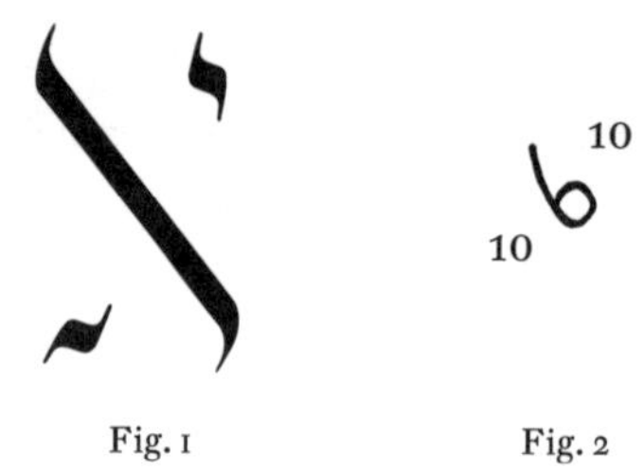

Fig. 1 Fig. 2

Der Herr, der »Eins« ist, äußert sich in der »ganzen« Zeit bis zur Offenbarung in den 26 Geschlechtern, in 4 Teilen, aber ist doch die 1. Es ist der Buchstabe, der vor der großen 2 von »Im Anfang…« steht, ehe die Zweiheit in der Welt erschien. Dies will sagen, daß bereits in der 1 die 26 Geschlechter enthalten waren.

Da wir den Haken als das *Waw* kennengelernt haben, können wir statt 10–5–6–5 auch schreiben: 10, 5 »und« 5. Die zwei Fünfen sind daher auch die 10, aber sie sind in zwei Teile geteilt, die durch den Haken miteinander verbunden sind.

Betrachten wir nun die »Zehn, die sich teilt in zwei Fünfen«, so sehen wir, daß eigentlich nichts anderes da steht als die 1, in zwei Teile geteilt, also die 2-Machung. Es steht daher:

	10	(unzerteilt)
5	5	(zweigeteilt)

So zeigt sich wiederum das Prinzip der Schöpfung, der 2-Machung. Die 2 ist jedoch nichts Bleibendes, sie ist, wie im Buchstaben und in der Zahl 1, zu einer Einheit verbunden. Es erscheint auch hier das, was wir als *bara* (s. Seite 113) kennenlernten, wo nach der Zwei die Vielheit und dann wieder die Einheit folgte: 2 – 200 – 1.

Dieser Name des Herrn, der sich in der Welt offenbart, der ein Mitgehen und Bestimmen der Zeit ausdrückt, der seinen Stempel der Geschlechterfolge und den Ereignissen aufprägt, der die Entwicklung wieder zurückführt zur Einheit, wird in der ganzen Überlieferung der Name genannt, der der Ausdruck ist der Güte, Barmherzigkeit und Liebe Gottes. Jene Liebe Gottes, die in der Schöpfung mitgeht, wodurch sie ihr Ziel in der Einheit erreichen *muß,* leitet die Menschheit durch die Schöpfung. Ohne sie würde der Mensch sich immer weiter vom Ursprung entfernen und in der Vielheit verlorengehen.

Dem gegenüber steht der Name Gottes als *Elohim,* welcher Name nach der Überlieferung der Ausdruck der Gerechtigkeit Gottes ist. Gerechtigkeit im Sinne der Handhabung der Harmonie, der Harmonie, welche die Einheit der Schöpfung aufrechterhält.

4. Das Männliche und das Weibliche

Der heilige Name und seine vier Buchstaben 10 – 5 – 6 – 5 drücken den Sinn der Zeit, den Sinn des Geschehens im Materiellen, in Raum und Zeit aus, wie alles, was mit der 4 gemessen wird, dieses ausdrückt. Die 4 ist ja die Zahl der Frau, die das Materielle erscheinen und wachsen läßt.

Im zweiten Schöpfungsbericht mit dem 1 – 4-Prinzip spielt daher auch die Frau eine große Rolle, und gleichzeitig erscheint in dieser Schöpfungsgeschichte der Name »Herr«. Sobald der Mensch erscheint, mit dem Schwerpunkt auf der weiblichen Seite, welche die »Materie-Formende« ist, begleitet ihn der Herr.

130 Im Gegensatz zum ersten Schöpfungsbericht steht hier der Mensch auf der linken Seite, als zweites Ereignis nach dem »Dampf«, der aufstieg. Wird im ersten Bericht der Mensch geschaffen nach Gottes Ebenbild, so wird nun im zweiten Bericht mitgeteilt, daß er aus einem »Erdenkloß« gemacht wird, dem Gott »den lebendigen Odem« einblies.

Wenn dann später der Mensch im Garten Eden sein Lebensziel erfährt, das auch darin zum Ausdruck kommt, daß er vom Baum der Erkenntnis nicht essen soll, dann erst steht der Mensch in der mittleren Kolonne. Hier eröffnet sich auch die Alternative (s. Schema S. 65). Denn in der Mittelkolonne steht auch die Zweiheit der beiden Bäume, wodurch erst die Möglichkeit entsteht, daß der Mensch vom Baum der Erkenntnis nimmt oder nicht nimmt.

Davon nicht zu nehmen bedeutet, das Wesen dieses Baumes nicht in sich aufzunehmen. Der Baum der Erkenntnis ist ja das Wesen der Zweiheit. Es ist die Zweiheit, womit Gott die Welt schuf, jene Zweiheit, welche als Folge die große Vielheit und Verschiedenheit hervorbringt, und wogegen Gott den Menschen als Einheit schuf. Es ist der Mensch, der durch sein Leben, sein Denken und Handeln die Zweiheit aufheben sollte, um jene Einheit, jene Harmonie, welche vorher bestand, wiederherzustellen. Darum soll der Mensch jene Kraft nicht in sich aufnehmen, die das Prinzip der Zweiheit innehat. Gott allein hat mit der Schöpfung jene Kraft gebraucht, sie soll allein bei Gott bleiben und nicht vom Menschen gebraucht werden. Die Kraft des Menschen soll gerade die Umkehr sein. Sein Ziel ist ja die »Einsmachung«, die Harmonie des Urbeginns.

So taucht die Frage auf: Warum spielte Gott dieses Spiel – und ließ nicht vom Beginn an die »Eins« bestehen?

Aus der Form des *Alef* haben wir ersehen, daß die »Eins« aus einer Zweiheit in Ruhe, im Gleichgewicht, besteht. Das *Jod* ist der Form nach der kleinste Buchstabe. Er gibt an, daß gerade soviel Materie da ist, daß sie sichtbar wird. (Man beginnt beim Schreiben jeden hebräischen Buchstaben links oben, beginnt somit jeden Buchstaben eigentlich mit einem *Jod.)* Die »Materie« des *Jod* hat jedoch noch keine »Ausdehnung«. Das *Alef* besteht eben aus einem Gleichgewicht, aus einem Spiegelbild zwei solcher *Jod.* Die Einheit ist eigentlich eine Zweiheit in Ruhe. Da das *Jod die* 10 ist, die höchste Zahl, welche aus der 4 entsteht, enthält das *Alef* mit den zwei *Jod* im Gleichgewicht alles, was nur möglich ist, und dieses »alles« ist in Harmonie, im höchstmöglichen Glückszustand. Das Ziel der Schöpfung ist es, diesen Zustand auch dem Menschen zu bereiten. Darum trennte Gott die Einheit in zwei Teile; er trennte so das eine *Jod,* also die eine 10 von der andern, wie der Name Herr uns zeigt.

Warum dies? Weil die voneinander getrennten zwei Zehner, die ja zueinander gehören, das Verlangen haben, wieder miteinander vereinigt zu werden. Dieses Verlangen zur »Einswerdung« würde zur Folge haben, daß die getrennten Teile wieder zusammenwachsen möchten. Es würde wie ein Liebesspiel sein, wie es im Hohenlied Salomos besungen ist. Man weiß, man fühlt, daß man zueinander gehört, und wird keine Ruhe, keinen Frieden haben, bis man einander im großen Glück der »Einswerdung« gefunden hat. Die Einswerdung, die hier gemeint ist, würde zugleich bedeuten, daß diese »Einswerdung« (Unificatio) ein ewiges bewußtes »Eins-Sein« wäre.

Damit die Schöpfung, besonders der Mensch, dieses Glückes der Einswerdung teilhaftig werden kann, machte Gott die Schöpfung, die »Zwei«. Die Einswerdung bedeutet die Einswerdung der Gegensätze. Sie gibt uns aber auch das Wissen, daß alles, was hier als Zweiheit erscheint, wie Leben und Tod, Recht und Unrecht, Reichtum und Armut, gut und schlecht, Gesundheit und Krankheit, Geheimnis und Offenbarheit, ebenso »Eins« werden kann. (Um aber dieses Glück zu erleben, muß vorher die Trennung bestanden haben.)

Gott schuf daher die Welt aus dem Verlangen, der Schöpfung all das zu gewähren, was er selbst ununterbrochen kennt und auch ihm Glück der Harmonie ist, alles umfassend in einer großen Ruhe und Zu-frieden-heit. In diesem großen Wunsch, Freude und Glück zu schenken, zeigt sich Gott in der Welt als »Herr«, als derjenige, der die

Zweiheit schuf, wodurch auch der Mensch entstehen konnte, um *mit* der Welt den Weg von der Zweiheit zur Einheit zu gehen.

132 So löste Gott mit der Schöpfung, also mit der Zwei-Machung, die »untere 10«, welche sich in den 10 Schöpfungsworten des ersten Schöpfungsberichtes äußerte, von der »oberen 10«. So geschah es, daß auch der Mensch unten stand, mit allem um sich her – gegenüber der »oberen 10«.

Auf diese Weise wurde der Mensch erschaffen, im Bilde Gottes, mit der »Eins« schon in sich, Mann und Frau als *ein* Wesen, oder wie die alten Erzählungen dies ausdrücken: doppelgesichtig mit zwei Gesichtern (Midrasch Rabba, Bereschith 8 : 1).

Mann: (Jod oben)
Frau: (Jod unten)

«Und Gott der Herr sprach: Es ist nicht gut, daß der Mensch allein sei (allein Gott gegenüber). Ich will ihm eine Gehilfin machen, die um ihn sei« (Gen. 2, 18), dem Menschen gegenüberstehe, wie dieser gegenüber Gott. Der Mensch aber kann als »Eins« Gott gegenüberstehend den Sinn der Schöpfung nicht erfassen. Er kennt eben nicht das Leid der Trennung, der Zwei-Machung, er kennt die Verlassenheit in der Vielheit noch nicht, die erlöst werden will, weil sie nur den Frieden finden kann, wenn sie wieder in der Harmonie der Einheit existiert. Die Vielheit wurde ja gerade dazu erschaffen, damit der Mensch und die Schöpfung das Glück der Einswerdung erleben.

Etwas also mußte ihm »unten« gegenübergestellt werden, von ihm getrennt, ihm entnommen, damit das Verlangen zur Wiedereinswerdung entstehe. Dann, wenn er selbst in Zweiheit geschieden würde, wenn er das Leid des »Getrenntseins« fühlen könnte, würde er wissen, was Trennung, was Gegenübergestelltsein heißt, aber auch, was die Einswerdung, die Aufhebung der Trennung bedeutet. Er würde dann gleichermaßen fühlen können, was Gott fühlte, nachdem dieser in sich selbst die Trennung entstehen ließ.

Nur durch den Schmerz der Abtrennung würde der Mensch den Sinn der Zweiheit begreifen. Dann würde er auch die Welt begreifen und das Leid und die Verlassenheit in der Vielheit erfühlen.

Oben: Jod
Strich der Trennung

Unten: Das Jod geteilt in männlich-weiblich

Darum machte Gott der Herr aus dem Menschen, aus der »unteren 10« die zwei Fünfen, die zwei Hälften: den männlichen und den weiblichen Teil. Im Dualismus männlich/weiblich, im Menschen ist der Dualismus all dessen, womit der Mensch in Berührung kommt, eingeschlossen. Der Mensch selbst wurde damit »geteilt«. Die »untere 10« wurde geteilt in zwei Fünfen. Die eine Hälfte behielt den Charakter des ursprünglichen Ganzen so, wie die obere 10 auch nach der Schöpfung den Charakter der ursprünglichen Einheit bewahrte. Die andere Hälfte, die weibliche, erhielt den Charakter der von Gott geschaffenen Schöpfung. So wurde die Frau von der Einheit »Mensch« abgetrennt. Sie steht dem Mann gegenüber, wie die ganze Schöpfung Gott gegenübersteht.

Die 10 oben und die 5 – 5 unten

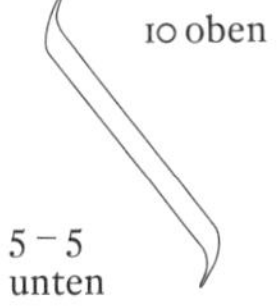

Bevor Gott der Herr die Frau schuf, formte er alle Tiere aus dem Erdboden und brachte sie zum Menschen. Dieser Mensch, noch »Eins«, noch männlich/weiblich, begreift das Leid nicht, das sich in der Scheidung alles Lebenden ausdrückt.

So gab der Mensch den Tieren, dem Lebenden, das erscheint vor dem Kommen des wirklichen Menschen, eine Bestimmung unten, einen »Namen«, einen »Platz« unten. Name und Platzandeutung haben im Hebräischen dieselbe Struktur, nämlich *schem,* 300–40. Die Überlieferung sagt, der Mensch trieb »Unzucht« mit den Tieren. Kontakt mit anderen Lebewesen, ohne diese Wesen mit »oben« verbinden zu wollen, also ein Kontakt wegen eines irdischen Zieles, eines Nützlichkeitszieles, wird »Unzucht« genannt (Talmud Babli, Jebamoth 63 a).

Daher versenkte Gott der Herr auch den Menschen in einen anderen Zustand. Der Tiefschlaf, der über ihn kam, der Zustand *tardema* (auch »Betäubung«), enthält den Begriff »Absteigen«. Der Mensch stieg nieder in eine andere Welt, in einen anderen Zustand. In diesem Zustand wurde er »geteilt«. Eine seiner Seiten stand als ein abgesondertes Wesen ihm gegenüber. So wurde der Mensch selbst eine Zweiheit, und das Gegensätzliche in allem brannte nun auch in ihm.

Das Wort »Rippe« ist irreführend. Das in der Bibel gebrauchte Wort ist *tselah,* 90–30–70, und wäre besser mit »Seite« zu übersetzen. Ein verwandtes Wort ist *tselem,* »Bild«, 90–30–40. Beide Worte haben mit *tsel,* »Schatten«, 90–30, zu tun. Eine der Seiten des Menschen wurde so zu etwas Selbständigem. Eine Seite, eine »Eigenschaft« oder »Facette« wurde von ihm weggenommen, nämlich jene Seite, die als weibliche Seite mit der männlichen zusammen in ihm die Einheit, die Harmonie, bildete.

An Stelle des »Weggenommenen« kam das »Fleisch« (Gen. 2, 21). In der Welt, in der auch der Mensch selbst zweigeteilt ist und die 10 in 5 + 5 geteilt ist, ist das, was als Fleisch erscheint, identisch mit dem Weiblichen, das den Platz der Frau in jener Welt eingenommen hatte, als der Mensch noch »eins« war.

Der Platz des Fleisches ist daher der Platz des Weiblichen. Da aber das Fleisch das Körperliche ist, ist der Leib (Körper) des Menschen der Ausdruck der weiblichen Seite.

Im Menschen *vor* der Teilung in Mann und Weib sind daher Leib und Seele noch »eins«, obwohl in einem anderen Zustand. Der Leib hat noch keine eigene Entwicklung; jedoch nach der Teilung erhält der Leib, als ein besonderes Wesen, ein eigenes Leben. Diese Teilung in Mann und Frau wird verursacht, weil der ursprüngliche Mensch die Welt, das Leben, das Materielle nicht nach ihrem Wesen beurteilt, diese nicht mit dem Ursprung verbindet. Dadurch steigt der Mensch in eine »niedrigere« Welt ab, wo der Leib ein besonderes Leben führt; so wie es die Frau jetzt gegenüber dem Mann führt.

Von diesem abgetrennten Körper sagt der Mensch, daß er wisse und fühle, daß er ihm sei, daß er zu seinem Wesen gehöre; so wie er von der Frau weiß und fühlt, daß sie zu ihm gehört, daß sie zusammen *ein* Wesen sein müssen.

Im Menschen entsteht das Bedürfnis, wieder »eins« zu werden mit demjenigen, das er als zu sich gehörend fühlt und das er nun als das von ihm Weggenommene sieht. Er leidet unter der Trennung, und alle seine Sinne sind darauf gerichtet, die Trennung rückgängig zu machen, um sich mit dem anderen Teil wieder zu vereinigen.

Im Menschen drückt sich daher auch die Formel 10–5 aus. Er wird sich bewußt, »halb« zu sein, und sucht nun die andere Hälfte. Er sucht die andere 5, um sich mit ihr wieder zur ursprünglichen 10 zu vereinigen.

Nun fühlt er, weil auch sein Leib etwas »Eigenes« wurde, die Zweiheit in »allem«. Nun weiß er, daß sein Leib von ihm weggehen könnte. Er erlebt nun auch die Härte der Gegensätze, er kann aber auch ahnen, was die Wiedervereinigung, die Einswerdung bedeutet.

Sobald der Mensch in diesem neuen Zustand erscheint, getrennt in Mann und Weib, erfolgt die Begegnung mit der Schlange.

Vom neuen Zustand des Menschen kann man sagen, sein Wesentliches sei die Seele, die aber nun mit dem Leib nicht mehr eine unauflösliche Einheit bildet – der Leib kann seinen eigenen Weg gehen. Dieser Leib nun begegnet der Schlange, welche »listiger ist denn alle Tiere auf dem Felde« (Gen. 3, 1). Der Begriff »Tiere« ist, wie wir im Schema auf Seite 49 gesehen haben, eine biologische Bedingung für das menschliche Leben. Das Tier ist daher etwas, das mit dem »körperlichen« Leben im Zusammenhang steht, aber im Gegensatz zum Begriff »Weib« steht. Das Tier gehört zur Zweiheit der Schöp-

fung, ist deren weiteste Entwicklung, bevor der Mensch erscheint. Das Körperliche im Menschen, das zum Tier gehört, kann nicht zum
136 Wesen Mensch gezählt werden, so wie es mit dem Teil »Weib« im Menschen der Fall ist. Im Leiblichen des Menschen gehört also nur ein Teil zum Tier; dasjenige, das noch die Kraft der Entwicklung in sich trägt, die Vielheit formen will, das »Instinkt«, »Naturkraft« ist. Das Leibliche, das durch den Begriff »Weib« bezeichnet wird, ist der menschliche Körper mit seinen Sinnesorganen und seinem Urteilsvermögen. Der Teil des Leibes, der der Sphinx die Tierform gibt, der unterste Teil mit dem Fortpflanzungsdrang, ist die Tier-Seite, wogegen jener Teil mit den Sinnesorganen und dem Urteilsvermögen die Weib-Seite ist. Die Mann-Seite schließlich ist es, die dem Menschen die Möglichkeit gibt, dem Wesentlichen nachzustreben und es zu erfassen. Sie sucht die Einheit und die Harmonie mit Gott.

Das Tier hat die Kraft der »Entwicklung« in sich. Beim Menschen ist diese Kraft nur in einem Teil des Körperlichen zugegen. Sonst würde diese Kraft so groß werden, der Weg der Entwicklung so weit führen, daß es keinen Rückweg mehr gäbe. In die Schöpfung wurde aber das Prinzip 1–2–1 gelegt. Es drückt sich im Menschen durch den »lebendigen Odem« aus, mit anderen Worten: durch die göttliche Seele, *neschamah,* die den Menschen zum »Ebenbild Gottes« macht (vgl. dazu Seite 81).

Der menschliche Leib ist im Zustand des äußerst perfektionierten Stadiums des »Tieres«. Er balanciert fortwährend am Rand des Gebietes, von wo es keine Rückkehr mehr gibt. Darum sucht die Kraft der Entwicklung, im Bild ausgedrückt als »das listigste aller Tiere«, Kontakt mit dieser enormen Möglichkeit, zum Ausbruch übermäßiger Entwicklung zu gelangen. Wenn sie *diesen* Leib von der Möglichkeit der Entwicklung überzeugen kann, dann hat die Kraft der List gewonnen.

Das Tier trägt die Kraft der Entwicklung in sich. Die Kontaktstelle zwischen Tier und Mensch ist der Leib, so wie er durch das Weib-Prinzip ausgedrückt wird. Im zweiten Schöpfungsbericht übernimmt der menschliche Leib die Initiative. Tut die »Frau« etwas, dann tut der »Mann« von selbst mit.

Die Schlange als Ausdruck des am weitesten entwickelten Tieres fängt das Gespräch mit der »Frau«, mit dem menschlichen Leib, mit seinen Sinnesorganen und dem Urteilsvermögen, an. Der Leib geht auf die Beweisführung ein. Er sieht ein, daß es gut ist, sich der Kraft der Entwicklung zu bedienen, selbst die Entwicklung in die Hand zu nehmen.

Die Bibel berichtet, daß, weil die »Frau ißt«, der »Mann« ebenfalls ißt.

Die Schlange hat dem Menschen etwas anzubieten, nämlich nichts weniger als das Königreich von dieser Welt – das Königreich der unendlichen Entwicklung! Die Schlange ist der leibliche Messias, könnte man sagen. Da aber eine weitere Entwicklung nicht der Sinn der Schöpfung ist, sondern gerade das Gegenteil, die Rückkehr, entsteht die Spannung und damit die Alternative. Das Wort Schlange, *nachasch,* 50–8–300, hat den Totalwert 358. Das ist jedoch auch der Totalwert des Wortes Messias, 40–300–10–8, *maschiach.* Die Schlange ist der Erlöser auf der »anderen Seite«. Sie schlägt vor, die Entwicklung selber in die Hände zu nehmen. Dies ist die List der Schlange, daß sie den Erlöser spielt!

Wozu das alles? Der Weg der Schlange führt zur Katastrophe. Der Mensch sieht alles, was er aufgebaut hat, zusammenstürzen, sein Leben und seine Welt. Zugleich erkennt er wie durch ein Wunder, daß er durch die zurückgewiesenen Maßstäbe, denen er nicht vertraute, doch plötzlich wieder zu Hause ist, am Ursprung. Nicht er hat dies geleistet – die Erlösung war vorbereitet, nach dem Prinzip, das in der Schöpfung liegt. Es ist das Prinzip, das im Pentateuch den Auszug aus Ägypten bringt. Die Knechtschaft schien hoffnungslos. Dennoch aber ging sie zu Ende. Man schien »verloren« zu sein. Das hebräische Wort für »verloren« lautet *abed,* 1–2–4. Es enthält die Struktur der Entwicklung von der 1 zur 2, doch geht sie nicht zurück zur 1, im Gegenteil, sie geht zur 4, zur höchsten Perfektion.

Hier begegnen wir einem bedeutenden Bild, das die Bibel von der

Welt gibt. Die Entwicklung der Schöpfung von der 1 zur 2 und weiter zur Vielheit zeigt das Prinzip der »Vier«, was bedeutet, daß damit eigentlich alles verloren ist.

Darum ist die Knechtschaft, die 400 Jahre dauerte, eine Knechtschaft, die naturgemäß nicht mehr hätte enden können. Nur ein Eingriff Gottes konnte noch die Erlösung bringen.

Im Garten Eden hatte der Mensch nur einem Weg zu folgen: Alles durfte er essen, nur nicht vom Baum der Erkenntnis. Essen ist hier wieder ein Bild. Es bedeutet, daß der Mensch alles, was er ißt, mit sich selbst »eins« macht. Alles soll er aufnehmen, allem begegnen, sich dafür interessieren, dessen Sinn erforschen, dessen Wesen erkennen wollen, es dadurch mit sich »eins« machen.

Nur den Baum der Erkenntnis darf er nicht in sich aufnehmen. Denn er bedeutet die Entwicklung, welche die Schöpfung zustande brachte. Der Mensch soll diese Schöpfung annehmen, um sie als »Ganzes« zum Ursprung zurückzuführen.

Das »Nichtnehmen« vom Baum der Erkenntnis bedeutet daher auch, nicht urteilen nach der Wahrnehmung, nach dem Äußerlichen, nach dem sich Entwickelnden. Der Mensch soll nach dem Wesentlichen urteilen, denn mit diesem Urteil kommt zugleich die Verbindung mit dem Ursprung, mit der »Eins«.

Essen heißt hebräisch *achol,* 1 – 20 – 30. Es bedeutet zugleich »vollenden, vervollkommnen, vollbringen«. Der Teil 20 – 30 bezeichnet »alles«. Und dieses Wort, verbunden mit der 1, will daher sagen, daß ein Verbinden von allem mit dem Wesen gemeint ist.

Mann und Frau essen vom Baum der Erkenntnis. Es bringt ihnen den Tod und die Vertreibung aus der Welt, worin sie leben.

Wozu das alles? Was war eigentlich der »Fall«? Der Mensch sieht sich in eine Welt gesetzt, die sich zur Vielheit entwickeln *muß.* Er selbst ist »zerteilt« in Mann und Weib, in Seele (= Wesen) und Leib. Der Leib wird konfrontiert mit den Kräften der Entwicklung, die sich immer weiter vom Ursprung entfernen wollen. Zuerst aber wird die Welt in den Zustand der »Wasserseite« gebracht, worin die leibliche Seite die vorherrschende ist. In dieser Vorherrschaft der leiblichen

Seite spielt sich all das ab, wofür der Mensch bestraft wird. Man steht unter dem Eindruck, daß der Mensch hier in eine Falle geraten sei.

Wie sind die Verhältnisse denn in Wirklichkeit? Wir haben gesehen, daß Gott die Welt erschuf, um dem Menschen das höchste Glück zu schenken. Nicht, um ihn durch eine List zu Fall zu bringen.

Die Bibel zeigt uns, wie diese Welt *ist*. Wir sollen die ersten Menschen nicht kritisieren oder verurteilen. Wir könnten ebensogut Tag und Nacht in der Natur kritisieren. Gott schuf die Natur, das Universum – und schuf sie nach der Bibel.

Die Bibel berichtet, daß der Mensch vom Baum der Erkenntnis ißt – die Bibel erzählt, wie die Welt gemacht ist.

Mit der Zweiheit entstanden die Gegensätze. Gerade durch die Gegensätze kann eine Entwicklung stattfinden. Sie stellen die Bedingungen dafür dar. Die Gegensätze bringen auch Leben und Tod in diese Welt.

Für den Menschen, der die Zweiheit nicht in sich aufgenommen hat, besteht der Gegensatz Leben/Tod nicht. Für ihn ist Leben nur ein Erscheinen in dieser Welt und der Tod nur ein Weggehen aus der Erscheinung, ein Zurückgehen zum Ursprung, nach »Hause«.

Der Garten Eden ist jene Welt, worin man nur leben kann, wenn man die Kraft der Zweiheit nicht in sich aufnimmt. Hat man diese Kraft jedoch aufgenommen, geht jene Welt verloren. Man sieht andere Dinge, die Welt des Gartens Eden jedoch nicht mehr.

Die Bibel berichtet: »Da wurden ihrer beider Augen aufgetan, und sie wurden gewahr, daß sie nackt waren ...« (Gen. 3, 7). Der Mensch sieht die Dinge nun mit seinen körperlichen Augen, er sieht ihre Bilder – und gleichzeitig seine »Nacktheit«. Er bemerkt, daß er die Macht über sich selbst verliert. Der Körper will seinen eigenen Weg gehen, einen Weg, den zu gehen er nicht verhindern kann.

Der Mensch verbirgt sich vor Gott. Er glaubt, daß er ihm entfliehen kann. Er weiß, daß er den falschen Weg gegangen ist, einen Weg, auf dem er Gott nicht begegnen will, weil er sich schämen muß, wissend, daß er im Gegensatz steht zu seinem eigentlichen Wesen, zum Ziel seines Daseins in der Welt.

Er wird vertrieben, kommt in eine *andere* Welt.

Nun beginnt der Weg der 26 Geschlechter. Am Ende des Weges

steht wieder Gott und wird der Sinn des Geschehens offenbart (auf dem Sinai). Damit aber ist der Mensch zum Ursprung zurückgekommen. Die Erkenntnis des Sinnes ist zugleich das Verbundensein mit dem Ursprung. Mit der Bibel wird der versperrte Weg wieder geöffnet.

Wir erinnern uns, daß »Im Anfang« die »Formel« 2–200–1 und 300–10–400 hatte (s. Seite 109). Der Teil 300–10–400 wurde jedoch noch nicht besprochen. Der Begriff »Mann« wird durch die 3 wiedergegeben (s. Seite 57) und »Frau« durch die 4. Im Teil 300–10–400 stehen nun Mann und Frau einander getrennt gegenüber, jedoch in der Ebene der Hundert, der weitesten Ausbreitung.

Mann und Frau müssen sich wieder vereinigen zur ursprünglichen Einheit. Diese Verbindung soll daher das »Kind« als 500 bringen. Aber die 500 ist eine »überirdische« Zahl, denn die Buchstaben reichen nur bis zum *Taw,* der 400. Eine weitere Ausdrucksmöglichkeit als *Taw,* als die 400, gibt es in Raum und Zeit nicht. Die 400 ist eigentlich der Ausdruck für unendlich. Sie ist aber auch die Zahl der Knechtschaft, aus der die Befreiung nur als ein Durchbruch durch das Normale, das Irdisch-Logische erfolgen kann.

Das Zeichen für die 400 war in der alten hebräischen Schrift ein Kreuz, das auch als Zeichen des Leidens bekannt war. Damit wird auch ausgedrückt, daß die 400 der Knechtschaft ein ewig scheinendes Leiden war. So ist auch der letzte Buchstabe im Wort *bereschith* die 400. Der letzte Teil der Bibel gibt Leiden, Tod, Vertreibung wieder.

Es erzählt der letzte Teil des Alten Testamentes von der Zerstörung des Tempels und der Babylonischen Gefangenschaft (2. Könige 25, besonders aber auch Chronik 2, die in der hebräischen Bibel an letzter Stelle steht).

Wohl gibt es dann eine vage Zurückkehr, aber in vieler Hinsicht ist sie unbefriedigend. Jene, welche den ersten Tempel gesehen hatten, konnten sich mit dem zweiten Tempel nicht trösten. Wohl sprachen die Propheten von einer schönen Zukunft, aber eben nur von einer Zukunft! Die Bibel berichtet nicht von einer Erfüllung des Glücks in der von ihr beschriebenen Zeit. In der Bibel wird das ewige Leben nicht realisiert. Es bleibt eben Zukunft.

Was nach der 400 kommt, kann in dieser Welt nicht bestehen. Die materielle Welt endet mit dem Buchstaben *Taw,* dem letzten Buchstaben der 22, die alle Möglichkeiten und alle Kombinationen in der materiellen Welt umfassen.

Die 500 ist materiell nicht auszudrücken. Es gibt keinen Buchstaben 500.

Nach der Überlieferung haben die Alten den Umfang des Baumes des Lebens gemessen. Er betrug – 500 Jahre (Midrasch Rabba, Bereschith 15 : 7). Natürlich nicht im Maß unserer Jahre. Die 500 als Maß will besagen, daß man den Baum des Lebens in der Welt, die mit der 400 endet, nicht umfassen kann. So sagt man auch, daß die Entfernung vom Himmel zur Erde 500 Jahre beträgt.

Dennoch soll die 500 einmal zustande kommen. Das ist es, was die Propheten sagten. Die 500 wird entstehen, wenn die 300 des Mannes und die 400 der Frau wieder zur Einheit »zusammengewachsen« sind, welche das »Kind« erzeugt.

Sehen wir dieses Bild in einer anderen Ebene, so heißt dies, wenn Leib und Seele wieder eine Einheit bilden, wenn ein neuer Mensch entstanden ist, dann erst ist die 500 wirklich da.

Die 500 ist erfüllt, wenn die ganze Zeit erfüllt ist. So wie Gott dem Menschen die Worte mitgab: »Seid fruchtbar und mehret euch« (Gen. 1, 28), so gibt er ihm den Weg zur Vollendung mit. Hebräisch ist »Seid fruchtbar und mehret euch« ausgedrückt mit *pru urebu,* 80–200–6 und 6–200–2–6, Totalwert 500.

Dieses »Seid fruchtbar und mehret euch« ist der Weg durch die Zeit, die von selbst zur 500 führt.

Es ist also ein Weg, der weiter führt als diese Welt und das Leben, die mit der 400 enden. Doch scheint die Bibel auch auf andere Weise von diesem Weg zur 500 zu sprechen – also von dem Weg zum »Himmel«, jenem Weg, der den Baum des Lebens wohl »umfassen« kann.

Buchstaben und Zahlenwerte des hebräischen Alphabets

Name des Buchstabens	Klassische Schreibweise	Aussprache	Schreibweise in Zahlen
Alef	א	stumm	1–30–80
Beth	בּ	b	2–10–400
(Weth	ב	w)	
Gimmel	ג	g	3–40–30
Daleth	ד	d	4–30–400
He	ה	h	5–10, 5–5, 5–1
Waw	ו	w (engl. w)	6–10–6, 6–1–6, 6-
Sajin	ז	z (frz. z!)	7–10–50
Cheth	ח	ch	8–400
Teth	ט	t	9–400
Jod	י	j	10–6–4, 10–4
Kaf	כּ	k	20–80
(Chaf	כ	ch)	
(Chaf sophith	ךְ	ch [Finalbuchst.])	
Lamed	ל	l	30–40–4
Mem	מ	m	40–40
(Mem sophith	ם	m [Finalbuchst.])	
Nun	נ	n	50–6–50
(Nun sophith	ן	n [Finalbuchst.])	
Samech	ס	sz	60–40–20
Ajin	ע	stumm	70–10–50
Peh	פּ	p	80–5
(Peh	פ	ph)	
(Peh sophith	ף	ph [Finalbuchst.])	
Zade	צ	ts (deutsch. z)	90–4–10
(Zade sophith	ץ	” [Finalbuchst.])	
Kof	ק	k	100–6–80
Resch	ר	r	200–10–300
Schin	שׁ	sch	300–10–50
(Sin	שׂ	sz)	
Taw	תּ	t	400–6
(Szaw	ת	sz)	

Äußerer Wert	Voller Wert	Verborgener Wert	*athbasch*-Wert
1	111	110	400
2	412	410	300
3	73	70	200
4	434	430	100
5	15, 10, 6	10, 5, 1	90
6	22, 13, 12	16, 7, 6	80
7	67	60	70
8	408	400	60
9	409	400	50
10	20, 14	10, 4	40
20	100	80	30
30	74	44	20
40	80	40	10
50	106	56	9
60	120	60	8
70	130	60	7
80	85	5	6
90	104	14	5
100	186	86	4
200	510	310	3
300	360	60	2
400	406	6	1

Über den Verfasser Friedrich Weinreb

Friedrich Weinreb (1910 Lemberg – 1988 Zürich). Nach dem Studium der Nationalökonomie und Statistik in Rotterdam und Wien war er von 1932 bis 1942 anfangs als wissenschaftlicher Mitarbeiter, später als Forschungsleiter und Dozent, am Niederländischen Ökonomischen Institut in Rotterdam tätig. Während der Besetzung der Niederlande durch die Nazis leistete er aktiven Widerstand, kam ins Lager, konnte fliehen und lebte im Untergrund. Von 1952 bis 1964 u. a. Lehrtätigkeit in Djakarta, Kalkutta und Ankara, wo er u. a. auch als Rektor und Dekan der Universität amtierte. Tätigkeit als Experte am Internationalen Arbeitsamt und bei den Vereinten Nationen in Genf. Bis 1961 zahlreiche Publikationen auf dem Gebiet der mathematischen Statistik und der Konjunkturforschung.

Die schon in frühen Studienjahren einsetzende Beschäftigung mit den Quellen des alten jüdischen Wissens, wozu aufgrund der chassidischen Herkunft eine starke persönliche Beziehung bestand, fand in dem 1963 in holländischer Sprache erschienenen Werk »De Bijbel als schepping« (gekürzte deutsche Ausgabe »Der göttliche Bauplan der Welt«, Zürich 1965; vollständige deutsche Fassung mit dem Titel »Schöpfung im Wort. Die Struktur der Bibel in jüdischer Überlieferung« 1994 beim Thauros Verlag) ihre grundlegende Zusammenfassung. Seit 1964 widmete sich Friedrich Weinreb ausschließlich der jüdischen Überlieferung in schriftstellerischer und ausgedehnter Vortragstätigkeit.

1969/70 veröffentlichte er das dreibändige Werk »Collaboratie en verzet« (Kollaboration und Widerstand) über die Kriegsjahre 1940–1945, das in Holland sehr starkes Aufsehen erregte und wofür er den Literaturpreis der Stadt Amsterdam erhielt. Es erschien 1989 im Thauros Verlag unter dem Titel »Die langen Schatten des Krieges«.

Bücher und Tonträger von Friedrich Weinreb:
www.weinreb-stiftung.org